汽车美容装潢技术

主　编　阿不力米提江·罗克满江　崔建华
　　　　布丽布力·沙吾提
副主编　艾克热木江·吾甫尔　牙森·斯依提
　　　　买迪娜依·阿不都热合曼
参　编　田多林　邸玉峰　邓　珊　马继龙
主　审　吴复宇　高月敏

北京理工大学出版社
BEIJING INSTITUTE OF TECHNOLOGY PRESS

内 容 简 介

本书从实际应用出发，以任务为导向，分6个课题进行阐述，分别为汽车美容概述、汽车清洗美容、汽车漆面修复美容、汽车车身贴膜、汽车装饰、汽车电子产品装饰。每个课题下又分若干个任务，并按照学习目标、相关知识、任务实施展开，较为全面地介绍了汽车美容的基础知识与技能。

全书讲解清晰、简练，内容先进，资料翔实，图文并茂，本书可以作为汽车类相关课程的教材，同时也可以作为汽车维修行业相关人员自学与继续教育的参考用书。

图书在版编目（CIP）数据

汽车美容装潢技术 / 阿不力米提江·罗克满江，崔建华，布丽布力·沙吾提主编. -- 北京：北京理工大学出版社，2023.11

ISBN 978-7-5763-3138-7

Ⅰ. ①汽… Ⅱ. ①阿… ②崔… ③布… Ⅲ. ①汽车-车辆保养 Ⅳ. ①U472

中国国家版本馆 CIP 数据核字（2023）第 227629 号

责任编辑：王晓莉		文案编辑：王晓莉	
责任校对：周瑞红		责任印制：施胜娟	

出版发行 / 北京理工大学出版社有限责任公司

社　　址 / 北京市丰台区四合庄路 6 号

邮　　编 / 100070

电　　话 / (010) 68914026（教材售后服务热线）

　　　　　　(010) 63726648（课件资源服务热线）

网　　址 / http://www.bitpress.com.cn

版 印 次 / 2023 年 11 月第 1 版第 1 次印刷

印　　刷 / 定州市新华印刷有限公司

开　　本 / 889 mm×1194 mm　1/16

印　　张 / 14

字　　数 / 294 千字

定　　价 / 79.00 元

Preface

前言

    党的二十大报告指出，教育、科技、人才是全面建设社会主义现代化国家的基础性、战略性支撑。深入实施科教兴国战略，全面提高人才自主培养质量，强化现代化建设人才的支撑。近几年我国汽车工业快速发展，汽车保有量直线上升，这就给汽车类专业提出了更高的要求。汽车工业的发展，社会消费时尚的流行，人们对事物猎奇、追求新异思想的影响，促使汽车美容装饰业不断发展壮大。现代汽车美容借鉴了人类"美容养颜"的基本思想，被赋予仿生学新的内涵，正逐步形成现代意义的汽车美容。汽车美容新概念，不只是简单的汽车打蜡、除渍、除臭、吸尘及车内外的清洁服务等常规美容护理，还包括利用专业美容系列产品和高科技技术设备，采用特殊的工艺和方法，对漆面增光、打蜡、抛光、镀膜及深浅划痕处理，全车漆面美容，底盘防腐涂胶处理和发动机表面翻新、轮胎更换维修、车身油漆修补等一系列养车技术，以达到"旧车变新，新车保值，延寿增益"的功效。这为汽车美容业带来了极大的机遇和挑战，同时也对从业人员的技术水平提出了更高、更新的要求。

    为了深化产教融合、校企合作，推动校企"双元"合作，同时为了解决学生学不懂、学习兴趣不浓，教材内容枯燥乏味，老师不好教的问题，编者认真总结了从业多年来的专业教学经验，根据汽车后市场对人才素质的要求、汽车美容行业发展及当代院校学生及从业人员的学习特点与需求，编写此书，以期为汽车服务产业人才培养提供支持。

    本书具有以下特色：

    （1）教材编写由院校老师与企业专家一起合作，突出产教融合，双元开发；

    （2）以工作任务为驱动，确定理论与实践一体化的学习任务，按照工作过程组织学习过程，体现"做中学，学中做"的教学理念；

    （3）教材注重对学习目标、技能要求和任务分析的设计，让学生经历从观察—操作—

交流—反思的活动过程，倡导行动导向的教学方法；

（4）采用"课题+任务"编排模式，打破传统教材的章节体例，注重满足分类施教、因材施教的需要；

（5）以内容为核心，注重形式的灵活性，分类施教、因材施教，以便于学生接受。

全书共分为6个课题，介绍汽车美容概述、汽车清洗美容、汽车漆面修复美容、汽车车身贴膜、汽车装饰、汽车电子产品装饰等内容。

本书由阿不力米提江·罗克满江、崔建华、布丽布力·沙吾提担任主编，艾克热木江·吾甫尔、牙森·斯依提、买迪娜依·阿不都热合曼担任副主编，田多林、邸玉峰、邓珊、马继龙担任参编。吴复宇、高月敏担任本书主审工作。

本书编写具体分工为：阿不力米提江·罗克满江负责课题一、课题二理论知识部分的编写；布丽布力·沙吾提负责课题三、课题四理论知识部分的编写；崔建华负责课题五、课题六理论知识部分的编写；艾克热木江·吾甫尔负责课题二、课题三实操部分的编写；牙森·斯依提负责课题四实操部分的编写；买迪娜依·阿不都热合曼负责课题五实操部分的编写；邓珊、马继龙负责课题一、课题六实操部分的编写；田多林负责课题一、课题二、课题三拓展提升部分的编写；邸玉峰负责课题四、课题五、课题六拓展提升部分的编写。

在本书的编写过程中，承蒙兄弟院校及合作企业有关同志的大力支持，在此向他们表示感谢。此外，本书在编写过程中参考了国内外有关的大量文献资料，在此向原作者表示诚挚的谢意。

由于编者水平有限，书中难免会有疏漏和不足之处，恳请读者和业内专家批评指正。

编　者
2023 年 10 月

Contents

目 录

课题一　汽车美容概述 1

　　任务　汽车美容的认识 ································· 1

课题二　汽车清洗美容 9

　　任务一　汽车车身清洗美容 ························· 9

　　任务二　汽车内部清洗护理 ························· 22

　　任务三　发动机舱清洁护理 ························· 34

　　任务四　汽车底盘清洁护理 ························· 41

课题三　汽车漆面修复美容 56

　　任务一　汽车漆面的美容保养 ····················· 56

　　任务二　汽车漆面的修复美容 ····················· 69

　　任务三　汽车漆面的喷涂修复 ····················· 81

课题四　汽车车身贴膜 95

　　任务一　汽车车身表面贴膜 ························· 95

　　任务二　汽车玻璃贴膜 ····························· 113

课题五　汽车装饰　127

任务一　汽车车身装饰 …………………………………………………… 127

任务二　汽车饰品的安装 ………………………………………………… 144

任务三　汽车内饰修复与更换 …………………………………………… 158

课题六　汽车电子产品装饰　169

任务一　汽车防盗报警装饰 ……………………………………………… 169

任务二　汽车安全防护装饰 ……………………………………………… 185

任务三　汽车娱乐类电子产品装饰 ……………………………………… 197

参考文献　217

课题一

汽车美容概述

当前，汽车大规模地进入家庭，为汽车美容、维护及汽车服务行业开辟了广阔的市场。2022 年，我国汽车后市场行业市场规模达到 1.21 万亿元。预计，2025 年，我国汽车后市场的份额将占全球汽车产业链中的 55%，在汽车行业利润中，60% 将来自汽车服务领域。而汽车美容知识的普及对汽车消费者正确选择与鉴别汽车装饰与美容产品，正确选择汽车美容店维护、装饰与改装汽车提供了帮助。本课题主要内容是介绍汽车美容的概况，包括汽车美容的功能、汽车美容的分类、汽车美容作业项目的选用等内容，通过对本课题内容的学习，可为学生继续学习相关知识打下坚实的基础。

 任务　汽车美容的认识

 学习目标

知识目标

1. 了解汽车美容的功能与作用。
2. 掌握汽车美容分类方法。
3. 了解专业汽车美容应具备的基本条件。
4. 了解汽车美容延伸项目的内容。
5. 掌握汽车美容维护原则。

技能目标

1. 会根据汽车的实际状况正确选择汽车美容作业项目。
2. 会为车主制订合适的汽车美容维护方案。

素养目标

通过对我国高速发展的汽车美容行业的学习，培养学生的爱国主义情怀。

  相关知识 ▶▶ ▶

　　汽车美容是 20 世纪 90 年代中后期才逐渐发展起来的一种全新的服务模式，它具有严格的系统性、规范性和专业性。汽车美容业是汽车技术高速发展、消费观念更新及汽车文化深入人心的必然产物。

一、汽车美容的功能

1. 能保持车体的健康、靓丽

　　汽车美容护理集清洁、打蜡、除尘及漆面处理于一体，可以由表及里地还给汽车生命又一度青春，汽车美容是车辆美的缔造；利用汽车美容能够及时清除车表尘土、酸雨、沥青等污染物，保持车表清洁，防止漆面及车身其他部件受到腐蚀和损害。汽车打蜡不但能给车身以光彩亮丽的视觉效果，而且它的防紫外线、防酸雨、抗高温及防静电功能，能为汽车带来更为细致的保护。车室美容在除尘、清洁的同时，施以特殊的工艺，能够进行必要的上光保护、清洁修补、杀菌及空气净化。

2. 能显露车主的高雅、尊荣

　　汽车与人是一个密不可分的整体，凡同汽车打交道者，其视点大多集中在车辆美学角度。汽车美容也是车主形象的映照，如同对现代个人的包装。人需要以整洁、得体、不同档次的服饰来表征个人的某些内在的意识、个性气质乃至生活观念和生活态度。汽车与车主朝夕相伴，其早已成为车主形象表征的重要组成部分，汽车美容可协助车主展现一个全新的自我。

3. 能增添城市道路的现代风采

　　随着我国国民经济的不断发展和科学技术的不断进步，以及人们生活水平的不断提高，道路上行驶的五颜六色的汽车装扮着城市的各条道路，形成一条条亮丽的风景线，对城市和道路环境起着美化作用，给人们以美的享受。这些成果的得来与我国的汽车美容业的兴起是分不开的。如果没有汽车美容，道路上行驶的汽车车身灰尘污垢堆积，漆面色彩单调、色泽暗淡，甚至锈迹斑斑，这样将会形成与美丽的城市建筑极不协调的景象。因此，美化城市环

境离不开汽车美容。

二、汽车美容的分类

1. 根据汽车的服务部位分类

根据汽车的服务部位不同，汽车美容可分为车身美容、内饰美容、漆面美容。

（1）车身美容

车身美容服务项目包括高压洗车，去除沥青、焦油等污物，上蜡增艳与镜面处理，新车开蜡，钢圈、轮胎、保险杠翻新与底盘防腐涂胶处理等。此外，车身美容服务项目还包括车身的外部装饰，如对汽车顶盖、车窗、车身周围及车轮等部位进行装饰。

（2）内饰美容

内饰美容服务项目可分为汽车内室美容、发动机美容及行李箱清洁等项目。其中，内室美容包括仪表台、顶棚、地毯、脚垫、座椅、座套、车门内饰的吸尘清洁保护，以及蒸汽杀菌、冷暖风口除臭、室内空气净化等项目。发动机美容包括发动机冲洗清洁、喷上光保护剂、做翻新处理及三滤、散热器、蓄电池等清洁、检查、维护项目。此外，其还包括对汽车驾驶室和乘客室进行装饰。

（3）漆面美容

漆面处理服务项目可分为氧化膜、飞漆、酸雨处理，漆面深浅划痕处理，漆面部分板面破损处理及整车喷漆。漆面美容不仅能使汽车永葆青春，还能复原不慎造成的划痕及破损，更好地保护车身和使汽车保值。

2. 根据汽车的实际美容程度分类

根据汽车的实际美容程度，汽车美容可分为护理美容、修复美容和专业汽车美容。

（1）护理美容

护理美容指对汽车漆面和内室表面进行美容护理，包括对汽车外表漆面、总成表面和内室物件表面进行清洗除污，对汽车漆面上光、抛光、研磨及对新车开蜡等作业项目。护理美容能够增加车身表面的光亮度，起到了粗浅的"美容"作用。

（2）修复美容

修复美容指对车身漆膜有损伤的部位和内饰物出现的破损部位进行恢复性作业。汽车修复美容一般先进行漆膜修复，再进行美容。修复性的美容养护作业项目主要有漆膜缺陷治理、漆面划痕处理、漆面斑点处理、涂层局部修补、涂层整体翻修等。

汽车修复美容，必须在比较正规的汽车美容中心进行，它需要必要的设备和工具，必须有一定的修复美容工艺，才能满足汽车美容的基本要求。但是，这种美容并非很完善，对整车而言，只是对车身的漆膜部分进行了保养护理。

（3）专业汽车美容

专业汽车美容，不仅仅包括对汽车的清洗、打蜡，更主要的是根据汽车实际需要进行维护。其包括对汽车护理用品的正确选择与使用、汽车漆膜的护理、汽车装饰、精品选装等内容。典型的美容是免拆洗的汽车美容养护，如图1-1-1所示。

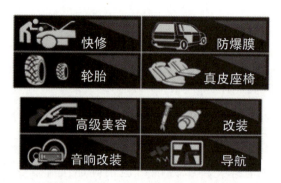

图 1-1-1　专业汽车美容内容

采用全新方式免拆洗养护的轿车，不但可以免除频繁修理的烦恼，而且可以节省大量的维修费用和时间。这样可使车主在享受开车舒畅的同时，实现"买得起车也养得起车"的理想，获得较好的经济效益。免拆洗的汽车美容养护项目包括润滑系统养护、燃油系统养护、传动系统养护、冷却系统养护、空调系统养护。

三、专业汽车美容的基本条件

1. 美容操作工作室

工作室应与外界隔离，设有漆膜维修处理工作室、干燥室、清洗室、美容护理室，且最好相互不干扰，但又有一定的联系。需要注意的是，露天操作是不能进行汽车美容的。图1-1-2为汽车美容项目及内容。

图 1-1-2　汽车美容项目及内容

2. 满足工作的工具、设备

各工作室应有相应的设备、工具及能源，可供施工所用，见表1-1-1。

表 1-1-1　现代汽车美容常用设备及用品

序号	美容项目	具体作业项目	设备及用品	选用要点
1	车表美容	汽车清洗	龙门滚刷清洗机、小型高压清洗机、麂皮、毛巾、板刷、清洗护理二合一清洗剂、水系清洗剂、玻璃清洗剂、柏油沥青清洁剂、轮胎清洗保护剂、黑镀清洗保护剂、银镀清洁保护剂、清洁上光剂等	1. 小型美容企业宜选用小型高压清洗机； 2. 北方冬季宜选用调温式清洗机； 3. 不宜选用碱性清洗剂洗车
		汽车打蜡	打蜡机、打蜡海绵、无纺布毛巾及各种保护蜡、上光蜡、防静电蜡、镜面釉等	1. 根据汽车漆面性质、产品性能及汽车运行环境选用车蜡； 2. 镜面釉是非蜡质保护剂
2	车饰美容	车室美容	吸尘器、高温蒸汽杀菌器、喷壶、毛巾、多功能清洁保护剂、真皮上光保护剂、真皮与塑料上光翻新保护剂、地毯清洁剂等	1. 不宜用碱性清洁剂进行车室清洁； 2. 纤维织物清洁剂一般用于地毯清洁
		发动机美容	喷壶、毛巾、发动机表面活性清洗剂、机头光亮保护剂、清洁油等	不宜用酸碱类清洁剂
3	漆面美容	浅划痕及失光处理	抛光机、不同粒度的抛光剂、还原剂、漆面增艳剂、漆面保护剂	抛光后须进行还原处理
		深划痕处理	设备与用品与喷漆施工相同	
		喷漆	喷烤漆房、空气压缩机、喷枪、砂纸、刮板、底漆、腻子、中涂漆、面漆	1. 宜选用喷漆烤漆两用房； 2. 修补施工宜选用快干型涂料

 任务实施

汽车美容作业
项目的选用

一、汽车美容作业项目的选用

　　汽车美容应根据车型、车况、使用环境及使用条件等因素，有针对性地、合理地安排美容作业的时机及项目。

1. 因"车型"而异

汽车美容项目、内容及使用的用品不同，其价位也不同。对汽车进行美容既要考虑效果，又要考虑费用问题。因此，不同档次的汽车所采取的美容作业及使用的美容用品应有所不同。对于高档轿车应主要考虑美容效果，而一般汽车只要进行常规的美容作业即可。

2. 因"车况"而异

汽车美容作业应根据汽车漆膜及内饰物面状况有针对性地进行。车主或驾驶员应经常对汽车表面进行检查，发现异变现象要及时处理。例如，车漆表面出现划痕，尤其是较深的划痕，若处理不及时，导致金属锈蚀，就会增大处理的难度。

3. 因"环境"而异

汽车行驶的地域和道路不同，对汽车进行美容作业的时机和项目也不同。例如，汽车经常在污染较重的工业区使用，应缩短汽车清洗周期，经常检查漆面有无污染色素沉着，并采取积极预防措施；汽车在沿海地区使用，由于当地空气潮湿，且大气中含盐分较多，一旦漆面出现划痕应立即采取治理措施，否则会很快造成内部金属锈蚀；汽车在西北地区使用，由于当地风沙较大，漆面易失去光泽，应缩短打蜡的周期。

4. 因"季节"而异

季节、气温和气候不同，对汽车车表和内饰环境有不同的影响。例如，汽车在夏季使用时，由于高温漆膜易老化，在冬季使用时，由于严寒漆膜易冻裂，应进行必要的预防护理作业。另外，冬夏两季车内经常使用空调，车窗紧闭，汽车内饰使车内出现异味，应定期进行杀菌和除臭作业。

二、汽车美容养护原则

1. 预防与治理相结合

汽车美容养护要以预防为主，即在汽车漆膜及其他物面出现损伤之前需进行必要的养护作业，预防损伤的发生。一旦出现损伤应及时进行治理，恢复原来的状态。因此，汽车美容养护应坚持预防与治理相结合的原则。

2. 车主护理与专业护理相结合

汽车美容养护很多属于经常性的维护作业，如除尘、清洗、擦车、检查等，这些简单的养护作业，只要车主或驾驶员掌握了一定的汽车美容养护知识，完全可以自己完成。由于有很多美容养护项目车主无法完成，尤其是汽车漆面或内饰物面出现某些问题时，必须进行专业养护。定期到专业汽车美容养护场所进行美容养护也是必不可少的，因此，车主或驾驶员护理一定要与专业养护相结合，这样才能将车护理得更好。

3. 单项养护与全套养护相结合

汽车美容养护作业的项目和内容很多，在作业时应根据汽车自身状况有针对性地选择项目和内容，进行某些单项养护就能解决问题的不必进行全套养护，这样不仅能节省费用，对汽车本身也是有利的。

例如，汽车漆膜的厚度是一定的，如果每次美容都进行全套养护，即每次都要研磨、抛光，漆膜厚度很快会变薄，当磨透车漆时，就必须进行重新喷漆，得不偿失。当然，在需要时对汽车进行全面养护也是必要的，关键要根据不同情况具体对待。

4. 局部养护与全车养护相结合

汽车漆膜局部出现损伤时，只要对局部进行处理即可；只有在全车漆膜绝大部分出现损伤时，才能进行全车漆膜处理。在实际工作中应根据需要决定养护面积。

三、汽车美容后效果

车身漆膜应达到艳丽的新车效果，并能长久保持；应具有防静电、防酸雨、防紫外线等"三防"功能。发动机的清洗翻新，可使发动机表面形成光亮的保护膜并能长久保持。发动机系统经过免拆卸清洗后，可提高整个系统的性能，并延长使用寿命。风窗玻璃的修复抛光，可使开裂发乌的玻璃变得清晰明亮，完好如初。轮毂、轮胎经美容护理后，具有艳丽光泽并能延长使用寿命。室内、行李箱内经美容处理后，更显洁净华贵。金属裸露部分经除锈、防锈处理后，具有金属光泽，不再生锈，可延长其使用寿命。

🔷 拓展提升 ▶▶ ▶

随着人们对汽车需求不断变化，在以上介绍的汽车美容项目之外，汽车美容也延伸出一些新项目。

1. 汽车防护

汽车防护的服务项目中有贴防爆太阳膜，安装防盗器、静电放电器、汽车语音报警装置等。

2. 汽车精品

汽车精品是能使汽车美容服务更加贴身贴心，体现人性化的服务。作为汽车美容服务的延伸项目，能满足驾驶员及乘员对汽车内部附属装饰、便捷服务的需求，如车用香水、蜡掸、剃须刀、护目镜、脚垫、座套、把套等的配置。在4S店汽车精品项目经营及装饰美容选装状况如图1-1-3所示。

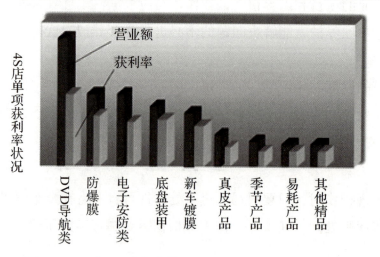

图 1-1-3　在 4S 店汽车精品项目经营及装饰美容选装状况

一般认为，专业汽车美容是通过先进的设备和数百种用品，经过几十道工序，从车身、内室、发动机、钢圈、轮胎、底盘、保险杠、油路、电路、空调系统、冷却系统、进排气系统等各部位进行彻底的清洗和维护，使旧车变为新车并保持长久，使整车焕然一新。

课题二

汽车清洗美容

　　汽车在使用过程中工作环境复杂，既要经受日晒、雨淋、石击、冰雪、严寒、炎暑这样多变环境条件的影响，又要经常接触化学药品和酸、碱、盐等腐蚀性的物质，并且不正确的使用和维护也会使车身和内室经常受到不同程度的污染。如果不及时处理，将使车漆失光、失色，车室空气浑浊、污染，不仅破坏汽车的美感、影响观者的心情，还直接影响乘客的乘坐舒适性和健康。汽车清洗护理是汽车美容的首要环节，既是一项基础性工作，又是一项经常性工作。本课题将从汽车车身清洗美容、汽车内部清洁护理、发动机舱清洁护理、汽车底盘清洁护理4个方面展开。

 任务一　汽车车身清洗美容

 学习目标

知识目标

1. 了解汽车外部清洗安全防护知识。

2. 了解常用汽车外部清洗材料的使用要求。

3. 了解汽车外部清洗设备的操作规范及安全检查要求。

4. 认识常用清洗工具的功能与合理选择。

5. 掌握外部清洗的操作流程。

技能目标

1. 能够正确识别、选用外部清洁剂。

2. 能够正确使用和维护清洗设备。

3. 能按规范进行汽车外表清洗。

素养目标

1. 通过安全与防护知识的学习，培养安全生产的意识，提高学生对安全发展理念的认识。

2. 通过学习汽车车身清洗，养成规范用水的习惯，提升节水意识。

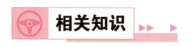

汽车车身清洗
美容概述

一、汽车清洗的作用

一般来讲，洗车不仅仅是使汽车清洁亮丽、光彩如新，其主要的目的在于保养。也就是说，洗车工作是汽车保养的最基本工作。另外，延长汽车漆面的寿命主要在于保养，即洗车是车身漆面保养的基本工作。现代汽车所使用的烤漆型面漆，可以为车身提供光亮度的保护面。但是，漆质再硬、漆膜再厚，经过长时间的风化、酸雨、高温、强光、树汁、鸟粪、虫尸等特殊环境，而又未能及时护理，也会给漆面造成诸多不良影响。其中，化学污染过的雨水或融化的雪水，对漆面的损害最为严重。紫外线透过车身上的酸雨水珠，聚光点的穿透能力极强，如果不及时进行护理，就会在车漆表层产生极难处理的印痕，而有害物质的不断沉积、腐蚀、渗透，也会使车漆褪色或失去光泽，并形成氧化层。因此，平时应用车蜡掸清除车身的灰尘，可使漆面得到基本的保护，少受外界有害物质的侵蚀。

二、车身清洗的影响因素

1. 水质

在汽车清洗作业中水源的质量往往容易被忽视，用质地较差的水清洗车身表面，不仅不能起到清洁的作用，还会对漆膜造成损害。洗车作业用水要求清洁无污垢，严禁使用未经过滤或受污染的水源，以免影响清洗效果，或对汽车外表产生损伤。在通常情况下，只要自来水或循环水符合标准就可以使用。

根据可持续发展战略的要求，为了节约城市用水，在用水清洗汽车时必须配置循环水设备，但使用循环水设备之后水的质量将直接关系到汽车的清洗质量。因此，为了真正能使洗车污水经处理后达到可再循环使用的程度，关键要解决处理后的水质标准问题。第一，对于汽车清洗，尤其是采用高压水清洗汽车时，对车身危害最大的是水中的固体悬浮物。水中固体悬浮物在高压力的夹带下，对汽车漆膜造成一定的损伤。第二，水中的矿物油如果含量过多，也将在汽车上形成污垢。第三，为了防止对车体的腐蚀，水源的 pH 应保持在 6~8。第四，从保护人体健康的角度出发，水中细菌的总数也应当控制在一定的范围之内。另外，色度、臭味这些水感指标，也要达到相关标准要求。为此，国家标准《城市污水再生利用 城市杂用水水质》（GB/T 18920—2020）对洗车用水的水质标准做了详细规定。应当说，经处理后的污水只要符合国家标准，就完全能放心地用于清洗汽车。

2. 洗车液

严格来说，使用的清洗用品应为中性，也就是 pH 为 7，或者稍偏碱性。这是因为中性的洗车液不仅能保护车身漆膜，还不会损伤技师的皮肤，但由于车身污垢大部分有酸性，所以洗车液可以稍显碱性。如果使用不合格的洗涤剂洗车，轻则使漆膜失去原有光泽，重则漆膜被严重腐蚀，局部产生变色、干裂，还会加速局部漆膜脱落部位的金属腐蚀。

3. 擦洗用品

擦洗时，应根据擦洗部位的不同选用不同的擦洗材料。当清洁车身漆膜时，应该使用干净柔软的毛巾或麂皮，切不可使用硬质的清洁工具，以免在漆膜上留下擦伤痕迹。擦洗车身下部和轮胎等部位的水桶要专桶专用。各个不同部位的擦洗用品不得混用。

4. 工作环境

不要在阳光照射下洗车。有些不规范的洗车店由于场地的限制，到了夏季直接在烈日下洗车，而且根本不等发动机冷却。在这一状况下进行汽车清洗作业时，车身上的水分会很快被蒸发，此时，车身上原来的水滴会留下许多斑点，影响清洗效果。由于夏季环境温度本身很高，再加上汽车在行驶后发动机温度更高，此时直接洗车会使汽车发动机提前老化。此外，在烈日下洗车，还会产生透镜效应。所谓透镜效应，是指当车表漆膜上存有小水滴时，由于水滴呈扁平凸透镜状，在阳光的照射下，这些小小的水滴对日光有聚焦作用，焦点处的温度会高达 800℃~1 000℃，从而导致漆膜被灼蚀，出现肉眼所看不见的小孔洞，这些小孔洞有的还会深达金属基材。当漆膜由于透镜效应被灼伤，或灼伤的范围较大时，一些分布密度较高的漆膜就会出现严重的失光。

5. 洗车的时机

（1）根据天气判断洗车时机

1）连续晴天时，一周做一次全车清洗较合理。平时车主只需用鸡毛掸子清除车身上的灰尘，再用湿毛巾或湿布擦拭前后风窗玻璃、车窗与两旁的后视镜即可。

2）连续雨天时，平时只需车主用清水喷洒全车，使车上的污物掉落，然后用湿布或湿毛巾擦拭全车所有的玻璃。天气放晴之后，就需要进行全车清洗。

（2）根据行驶的路况判断洗车时机

1）行驶在工地或行经工地时，一般汽车都会被工地的污泥或水泥溅及，如果汽车被溅，应该立即使用大量清水清洗，以免附着久了伤及漆膜。

2）行驶在海岸有露水或有雾气时，特别是驱车在海边垂钓过夜时，因海水盐分大且有露水，雾气湿重，若返回后没有立刻使用清水彻底清洗，车身钣金则易遭受腐蚀。

三、车身清洗设备与用品

车身清洗设备
与用品

1. 车身清洗液

好的清洗液呈中性，含阴离子表面活性剂，能同时达到去除车身静电、油污和维护漆膜的多重目的，是一般民用洗涤剂无法替代的。车身清洗液的使用方法可参照说明书，绝大多数的洗车液要求与水按一定比例混合使用，根据车身污垢程度的不同随时调整混合比例。

（1）清洗液的除渍原理

清洗液除渍是一个比较复杂的过程，一般认为水基清洗液主要通过"润湿—吸附—悬浮—脱（冲）落"等不断循环的过程来除去物体表面污渍。

1）润湿作用。当清洗液与汽车表面上的污渍接触后，可湿润表面污渍及其空隙，产生充分接触，造成污渍与被清洗表面结合力的减弱，使污渍松动。

2）吸附作用。清洗液中电解质形成的无机离子吸附在物体表面污渍的质点上，改变对污渍质点的静电吸引力。清洗汽车外表面时，既产生物理吸附作用（分子间相互吸引），又有化学吸引作用（类似化学键的相互吸引）。

3）悬浮作用。经过清洗液的润湿、吸附作用，物体表面的污渍质点脱落，悬浮于水基清洗液中。

4）脱（冲）落作用。水基清洗液通过流动，可将已悬浮于物体表面的污渍冲离该物体。

（2）清洗液的主要成分

汽车表面清洗液的主要成分有如下几类。

1）表面活性物质，又称表面活性剂或界面活性剂，是一类能显著降低液体表面张力的物质。在汽车清洗中常用的表面活性物质有油酸、三乙醇胺、醇类、合成洗涤剂等。

2）碱性电解质，即在水溶液中能电离出金属离子的化合物。在汽车清洗中常用的是弱碱性的水溶液，主要有碳酸钠、水玻璃、磷酸盐等。

3）溶剂。作为清洗工作介质的主体，它能溶解表面活性剂等添加剂，能共同对污渍起化学反应，从而达到清除污渍的目的。溶剂主要有油基溶剂类，如煤油、松节油、溶剂汽油等；水基溶剂类，主要是水，它应用得最多。

4）摩擦剂，用以增加与清洗物体表面的接触和摩擦的物质，如硅藻土等。

2. 清洗工具和设备

（1）手工清洗工具

手工清洗工具包括喷水壶、刷子、毛手套等。

1）喷水壶。用于盛放调配好的洗车液，适用于遗漏部位，以及车轮和保险杠等难清洗部位。

2）刷子。用于车身橡胶饰条，以及车轮和保险杠等难清洗部位。

3）毛手套。喷涂清洗液后擦拭车身，便于油污去除，不伤漆膜，如图 2-1-1 所示。

图 2-1-1　毛手套

（2）手工擦拭工具

手工擦拭工具包括麂皮、毛巾、甩干桶等。

1）毛巾。用于车身擦拭，吸水性好，不掉纤维，不伤漆膜。为区分使用场合，车身不同的部位，洗车用毛巾有不同的颜色，目前市面上常见的颜色多以红、黄、蓝、绿、咖等颜色为主，如图 2-1-2 所示。例如，漆面用黄色，内饰用红色，玻璃用蓝色，裙围用咖色等，这个没有定论，可以根据自己的情况搭配使用。

2）麂皮。用于玻璃的精细擦拭，吸水性强，如图 2-1-3 所示。

图 2-1-2　洗车毛巾

图 2-1-3　麂皮

3）甩干桶。快速甩干麂皮、毛巾和清洗后的脚垫等。

（3）清洗机

移动式清洗机主要由电动机、水泵、管路、喷枪等组成。电动机通过弹性联轴器或传动带直接驱动柱塞泵。水泵由壳体、曲轴、柱塞及进出水口、压力表等组成。水泵出水口经胶管与喷枪相连，喷枪由枪体、手柄、扳机及喷嘴等组成。喷嘴有一般喷嘴和喷水枪两种。通过喷枪的尾部可以调节出口水流的形状，常用的为柱状和雾状两种。喷嘴有扇形和强力圆形。柱状水流或圆形喷嘴，水流冲击力强，可以除去汽车轮胎及底盘上的干涸泥土。雾状或扇形喷嘴，水流覆盖面积大，除污效率高，适用于去除车身上的一般污渍。

（4）泡沫机

泡沫机是利用机体内高压空气（一般通过外界注入），将其中的清洗液经过连接的管道压出，并喷射于待清洗物体的表面。泡沫机的结构比较简单，一般由压力罐及一组阀门组成。

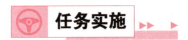

任务实施 ▶▶ ▶

一、安全与防护

个人防护用品指为防止一种或多种有害因素对自身的直接危害所穿用或佩戴的器具的总称。劳动防护用品的正确使用，可以保证技师避免工作过程中的直接危害，对技师的身体健康及生命安全都起着重要的作用。要根据工作性质和有害因素的不同，合理选用劳动保护用品。

1. 工作服

工作服用天然植物纤维织物制作，具有隔热、耐磨、扯断强度大、透气的特点。

2. 工作帽

工作帽用于保护技师头部，防止技师头发过长或散落，对操作施工产生影响。

3. 防护眼镜

防护眼镜用来保护眼部，防止飞屑、尘粒、化学物质等伤害眼部，如图2-1-4所示。防护眼镜的质量一定要好，否则眼镜受到冲击损坏后，会对眼睛造成更为严重的二次伤害。

图2-1-4　防护眼镜

4. 防护口罩

防护口罩能够防止技师将烟雾、化学物质、有毒气体吸入肺部。防护口罩有防尘口罩和防毒面具之分。烟尘严重的环境中应佩戴防尘口罩，溶剂挥发的环境中应佩戴防毒面具。

5. 手套

手套能够防止手部伤害，有皮手套、线手套、防水手套、耐溶剂手套等。

6. 安全鞋

安全鞋的作用是保护脚部，其性能包括防滑、绝缘、防砸、耐溶剂、防水、抗高压等。

汽车美容行业经常接触各种清洗液和溶剂等液体，基本的防护用品一定要准备齐全，防水鞋、防水手套等就是必不可少的。同时，还要有规范的工作服，并要求工作服上不能有尖锐的饰物，防止刮坏车身涂层。进行底盘装甲喷涂操作时会有胶粒喷出，所以要佩戴防护眼镜和防护口罩等。本任务操作需要使用工作服、工作帽、防护眼镜、防尘口罩、防水手套、安全鞋等防护用品。

二、车身表面检查

1. 检查车身损伤

在进行汽车美容操作前一定要做好检查记录工作。尤其是当客户要给汽车进行漆膜、内饰、玻璃等部位的美容装饰时，发生的费用会比较高，为了避免与客户之间产生不必要的误会，做好记录就显得非常重要了。同时，还可以保留客户记录，便于以后的联系和沟通，提高自身的规范程度。

2. 检查车门、车窗等部位是否关严

车门、车窗、行李箱盖等部位是否关严一定要仔细检查，否则洗车时高压水流会通过未关严的缝隙冲进驾驶室内，有可能会造成严重的后果（真皮座椅、电子元件等被损坏）。因此，在清洗汽车前须及时关好车门、车窗等。

三、相关设备的准备与调整

1. 泡沫机的加液与调整

1）按比例加水和清洗液。添加时要注意观察混合液的加入量。

2）调整气压。打开空气阀，将泡沫机的进气压力调整到标准范围内，一般为 2~4 kPa，在此段压力范围内泡沫喷出的效果最好。压力过低吹不出泡沫，压力过高会把泡沫吹到周围，造成浪费。

2. 高压水枪水流的调整

1）洗车水压的要求。接通水源和电源后，打开洗车机，调整高压水枪的水流形状，使水压达到要求。洗车时的水压没有绝对的数值要求，只要能把污物冲掉同时不损坏漆膜和其他车身零件就可以了。一般来说，车身预冲洗时水压要高一些，二次冲洗时水压要适当调小。高档汽车的漆膜和车身零件质量要好于低档汽车，冲洗时可以适当调高水压。

2）水压的调整。现在市场上大部分高压水枪水压的调整需要人为来进行，调整方法有两种：一种是通过改变枪嘴与被喷淋物之间的距离来调整，距离近压力高，距离远压力低；另一种是通过改变水流的形状来调整，扇形大压力小，扇形小压力大。具体使用哪种方法，应根据实际情况灵活调整。

3）水流形状的调整。如图 2-1-5 所示，柱状水流，水压高，冲力强，适合缝隙、污泥堆积严重的地方。如图 2-1-6 所示，大扇面水流，冲洗面积大，水压低，适合外表淋湿和二次冲洗。

图 2-1-5　柱状水流

图 2-1-6　大扇面水流

四、清洗操作

汽车车身清洗美容

1. 预洗车身

首先在全车外表面喷洒预洗液，然后使用水枪预冲洗汽车，主要作用为分解漆面泥沙。预洗液可以渗透车身上的灰尘和沙粒，让它们浮在车漆上，减少直接用高压水枪冲洗对漆面带来的损伤。预冲洗时一定要把水压适当调高，通过改变水枪与车身的距离来调整水压，初次冲洗时水枪与车身的距离在 0.5 m 左右，水流扇面形状以 15°~20° 为宜，缝隙和拐角等处用柱状水流。因为脏污的车身上会有大量的尘土和沙粒，通过各种方式牢固地黏附在车身上，水压小的话很难把它们冲洗掉，并给下一道工序埋下隐患。但是，水压也不要调得太高，否则会损伤漆膜和其他零件。

1）冲洗的顺序一定要遵循由上到下、从前到后的原则，可以采用从车头顺时针施工，前机盖—前杠—右前翼子板—右前轮及护罩—前风窗玻璃—车顶—右前门—右后门—右侧下槛—右后翼子板—右后轮及护罩—后机盖—后杠—左后翼子板—左后轮及护罩—车顶—左后门—左前门—左侧下槛—左前翼子板—左前轮及护罩的顺序，不要放过任何一个缝隙和拐角等容易积存沙土的地方。车身通体均用高压水枪打湿，漆膜无大颗粒泥沙或污物后，才能确保下一步骤的顺利进行，如图 2-1-7 所示。

2）车轮上方的车身隐蔽处，由于车轮滚动甩上来大量的泥沙和污物。一定要清洗干净，如图 2-1-8 所示。

图 2-1-7　高压水枪预冲洗车身

图 2-1-8　清洗车身隐蔽处

2. 喷洒泡沫并擦拭除污

1）用泡沫机喷洒洗车泡沫，喷洒的泡沫要均匀、适量，喷洒顺序也是按从上到下进行。喷完车身清洗剂以后，带上浸泡过的干净毛手套，轻轻将车身擦拭一遍，以便彻底去除顽固的污渍。如果两人同时操作的话，可以采用前机盖—前杠—前翼子板—前风窗玻璃—后视镜—前门—后门—车顶—后翼子板—行李箱盖、后杠的擦拭顺序，用毛手套仔细擦拭车身上漆膜表面和汽车玻璃表面，如图 2-1-9 所示。

2）对于轮胎和门槛下缘等车体下部泥沙较多的部位，一定要用专用的海绵或刷子单独擦拭清理，要求擦拭轨迹规范，避免漏擦。同时，还要防止工具混用对车漆和玻璃造成意外损伤，如图 2-1-10 所示。

图 2-1-9 毛手套擦拭车身

图 2-1-10 清洗轮胎

3. 二次冲洗

使用高压水枪对车身外表面进行二次冲洗，目的是把清洗剂泡沫和污水完全冲掉。所以，这时冲洗的水压不宜过高，水流扇面以 30°～45° 为宜，水枪距离仍然保持在 0.5 m 左右。依然按从上到下、从前到后的顺序进行，如图 2-1-11 所示。当车身上的水自然流下时，呈现帘幕状、没有油珠的感觉，说明车身已经清洗干净了。

4. 收水

在收水擦拭前喷洒驱水蜡，使车身快速干燥，有利于擦拭。然后两人同时使用两条大毛巾进行拖拽擦拭，从前杠开始到后机盖结束，如图 2-1-12 所示。

图 2-1-11 高压水枪二次冲洗

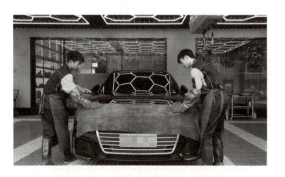

图 2-1-12 双人大毛巾擦拭

1）两人使用大毛巾分左右对车身进行擦拭（大毛巾两次对折，两手各持一角进行操作），擦拭顺序从后机盖—后杠—后翼子板—后门—前门—后视镜—前风窗玻璃—前机盖—前杠。

2）用麂皮精细擦拭。一定要仔细、彻底，不要忽略车门、行李箱盖内边缘和门框等部位。

3）对于钥匙孔、门缝、车窗密封条、倒车镜壳、油箱盖等部位用右用气枪配合专用毛巾脱水，如图 2-1-13 所示。

图 2-1-13　缝隙处脱水处理

4）用专用毛巾擦拭下槛、门框、门槛。

5）使用专用毛巾或麂皮对全车玻璃外侧进行擦拭，擦拭顺序为前风窗玻璃—后视镜—前窗—后窗—后风窗玻璃，确保无水痕残留，并在擦拭过程中对汽车清洗效果进行检查。

5. 轮胎上蜡

使用轮胎上蜡刷配合轮胎上光蜡对两侧轮胎上光。

五、竣工检查

在光线照射充足处，对车身清洗外表面进行竣工检查，要求车漆表面没有污渍、没有水分残留，光亮整洁，玻璃表面透亮、光洁度高。

任务实施记录工单 ▶▶ ▶

全车外部清洁护理

一、车辆信息记录

品牌		车型	□轿车　□SUV　□MPV
车辆识别码			

二、清洗前外观检查

检查项目	外观描述
前后风窗玻璃及刮水器	
车窗（车门车窗、天窗）	
车身（发动机舱盖、前后翼子板、前后保险杠、车门、车顶）	
轮毂及轮胎	

三、清洗后外观检查

检查项目	外观描述
前后风窗玻璃及刮水器	
车窗（车门车窗、天窗）	
车身（发动机舱盖、前后翼子板、前后保险杠、车门、车顶）	
轮毂及轮胎	

四、外观清洁所需材料

外观清洁所需材料	

任务实施考核标准与学习评价 ▶▶ ▶

全车外部清洁护理任务评价表

学生姓名		开始时间		结束时间		得分		
实施步骤	工作内容	序号	考核评价要求			标准分	扣分	扣分原因
一	安全防护	1	工作中正确使用安全防护用品			8		
二	验车	1	环检车辆，检查车辆有无损失和瑕疵			8		

续表

实施步骤	工作内容	序号	考核评价要求	标准分	扣分	扣分原因
三	车身表面清洁效果	1	发动机舱盖漆面	3		
		2	后车门（左右）漆面	3		
		3	后车门（左右）漆面	3		
		4	车顶漆面	3		
		5	前翼子板（左右）漆面	3		
		6	后翼子板（左右）漆面	3		
		7	行李箱漆面	3		
		8	前中网	3		
		9	雨刷	3		
		10	牌照（前后）	3		
		11	车标、车灯	3		
		12	油箱盖	3		
		13	中网	3		
		14	裙边	3		
		15	底边	3		
		16	门把手缝	3		
四	车轮部分清洁效果	1	轮弧内侧	3		
		2	轮辋	3		
		3	轮胎侧面	3		
		4	螺钉眼	3		
五	全车玻璃清洁效果	1	前风窗玻璃	3		
		2	车前门玻璃	3		
		3	车后门玻璃	3		
		4	后风窗玻璃	3		
		5	后视镜、镀铬件、玻璃边缝	3		
六	安全生产	1	安全操作	3		
		2	场地清理	3		
		3	工具归位	3		

拓展提升 ▶▶ ▶

　　汽车车身清洗除采用人工清洗之外，目前还有很多店面使用自动洗车机，单纯洗车比人工洗车机速度快、效率高。自动洗车机有不同的类型，其工作方式也略有不同。

　　1）按洗车时被清洗的汽车是否与水以外的助洗介质（如滚刷等）直接接触，自动洗车机可分为接触式和无接触式。

　　无接触式是洗车机通过特殊的喷嘴将高压水以不断变化的切线形式（俗称水刀）沿一定方向对待清洗的车身做喷射运动，从而达到清洗汽车的目的。接触式洗车机是以海绵、尼龙和羽状布等材料制成滚刷，通过各种形式的旋转并在水及清洗液的作用下，对汽车的外表进行清洗。

　　2）按清洗时汽车是否移动，自动洗车机可分为隧道式与龙门式（又称往复式）。

　　隧道式洗车机工作时，滚刷被固定在原地做旋转运动，而待清洗车辆由设备牵引，沿着固定的轨道缓慢地做纵向移动，如图2-1-14所示。龙门式洗车机工作时，待清洗汽车不动，洗车设备带动旋转的滚刷沿着被清洗汽车的车身缓慢地做纵向移动，从而达到清洗汽车的目的。

图 2-1-14　隧道式自动洗车机

　　为了能将车身表面的水分吹干，以便于擦拭车身，自动洗车机会自动把稀释的驱水剂水溶液喷淋到已经清洗干净的汽车上。驱水剂可以将水从汽车表面剥离，赋予汽车表面以不沾水的特性。喷洒驱水剂之后，水开始在车表面聚成水珠、水团，在重力的作用下会从车表面剥离开来。此时，鼓风机很容易把水珠、积水团从车表面吹掉。

　　当清洗完毕，车驶出洗车房时，车身还会残留少量水渍，技师要用干净的软布抹去残留的水渍。

任务二　汽车内部清洗护理

 学习目标

知识目标

1. 了解车内污染的形成与分类。
2. 了解常用汽车内部清洗材料的使用要求及标准。
3. 熟悉杀菌消毒原理和注意事项。
4. 熟悉汽车内饰清洁维护材料的种类、特性及使用要求。
5. 熟悉清洁设备的操作规范、维护及安全事项。
6. 熟悉汽车内饰清洁维护的施工方法及注意事项。

技能目标

1. 能正确识别、选用、调配内饰清洁剂。
2. 能按规范要求对仪表台、内饰塑胶件进行清洁维护。
3. 能按规范要求对地毯、顶棚等布质内饰进行清洁维护。
4. 能按规范要求对真皮座椅进行清洁维护。

素养目标

通过对汽车内部清洗护理知识的学习和操作，培养学生的质量意识和严谨细致的学习态度，提高学生对"绿色发展"理念认知水平。

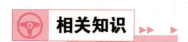 **相关知识**

　　目前，汽车内部使用的材料绝大部分采用化工制品，车内狭小的空间就会被这些化工材料挥发的化学成分所充斥，尤其在高温条件下甲醛、苯等有毒挥发气体的浓度会比常温条件下高几十倍。国内某权威检测机构曾对 200 辆汽车进行随机抽检，发现有 90% 以上的汽车存在车内空气甲醛或苯含量超标的问题，大部分车辆甲醛超标在五六倍以上，其中新车内室的空气质量最差。有些人刚一坐进汽车，就会觉得车内有股怪味，如果车内开着空调、门窗紧闭，时间久了甚至会使人感到头晕、恶心。

汽车内部清洗
护理概述

一、汽车内部的污染

车内空气污染物大部分为有毒气体和可吸入颗粒物。

1. 有毒气体

车内的有毒气体属于挥发性的有机溶剂，简称 VOC，如甲醛、苯等。汽车的部分内饰件在生产过程中需要使用一些挥发性的有机溶剂，在成品中会有一定量的残留，在使用过程中会不断地挥发。转向盘、变速器操纵杆、座椅扶手、中央控制台、仪表板、地毯、座椅、硬质及软质门饰、配线、车窗密封件等内饰件是车内有毒气体的主要来源，有时在车上闻到的"新车气息"很多就是从这些部位散发出来的，这些气味会引发一些急性或慢性的病症。

挥发的甲醛、苯等有毒气体会严重影响车内狭小空间的空气质量。随着温度的升高，尤其是到了夏季，有毒气体挥发速度加快，对健康的危害更加严重。此外，车厢内的食品、饮料等腐败变质也会产生危害健康的物质。

2. 可吸入颗粒物

针对车内环境污染，某机构曾经公布了一份研究结果，八成以上抽检轿车车内可吸入颗粒物超标。这些可吸入颗粒物大多来自车外污染源，如烟囱、车辆尾气等，少数来自地毯、长绒毛饰品等。可吸入颗粒物的直径小于 10 μm，这些颗粒物会侵害人体的呼吸系统，从而诱发哮喘病、肺病等。

二、汽车内部清洁护理的作用

汽车内饰中的地毯、座椅、空调风口、行李箱等处，经常接触潮湿的空气或水渍，在特定的环境中，这些地方最易滋生细菌，使内饰霉变，散发出异味，不但影响车内的空气质量，而且会对身体产生危害。因此，要定期对汽车内饰进行清洁、杀菌、除臭，这样不但可以有效防止各种污物对内饰的腐蚀，而且可以延长汽车内饰的使用寿命。

汽车内饰清洁通常是针对汽车内部空间的美容，主要包括车内顶棚的清洁、车侧立柱及车门内表面的清洁、仪表控制面板的清洁护理、车窗玻璃的清洁护理、座椅的清洁护理、安全带的清洁、地毯的清洗、转向盘的清洁、其他饰面的清洁（如离合器踏板、制动踏板、节气门踏板等），还包括行李箱的清洁。

三、汽车内部的杀菌消毒方法

汽车内部杀菌
消毒方法

汽车内部的杀菌消毒方法多种多样，常见的有化学试剂法、臭氧消毒、光触媒、高温蒸气杀毒、活性炭吸附、离子杀毒。但是，从环保角度出发，汽车室内杀毒方法将更多地采用

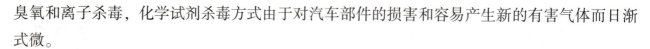

臭氧和离子杀毒，化学试剂杀毒方式由于对汽车部件的损害和容易产生新的有害气体而日渐式微。

1. 化学试剂法

化学试剂法消毒主要是用一些消毒剂对汽车进行喷洒和擦拭，通过化学反应的方式达到除去病菌的目的。这种杀毒方法的优点就是杀毒彻底、迅速，施工简单易行，缺点也相当明显，即后遗症较多，同时对汽车内饰件有一定程度的损害作用。

2. 臭氧消毒

臭氧是一种具有广泛性的、高效的快速杀菌剂，它可以杀灭多种病菌、病毒及微生物，并通过氧化反应除去车内的有毒气体。臭氧机制造出来的大量臭氧可以在较短的时间内破坏细菌、病毒和其他微生物的结构，使之失去生存能力。臭氧的杀菌作用是急速的，当其浓度超过一定数值后，消毒杀菌甚至可以瞬间完成。与化学试剂法消毒不同，利用臭氧消毒杀菌一般不残存有害物质，不会对汽车造成二次污染。

3. 光触媒

光触媒的工作原理是利用二氧化钛这种光的催化剂，见光产生正、负电子，其中正电子与空气中的水分子结合产生具有氧化分解能力的氢氧自由基，负电子则与空气中的氧结合成活性氧，二者均具有强大的杀毒杀菌能力。对于汽车车厢内常见的甲醛、氨、苯等有机化合物具有分解作用，同时还可以清除车厢内的浮游细菌。

4. 高温蒸汽杀毒

用高温蒸汽给汽车消毒，相当于给汽车做"桑拿"，利用蒸汽的高温对车内部进行消毒，这种方法无毒无害，可实行条件较高。蒸汽消毒的一般过程：技师在专业的汽车蒸汽消毒机内加入水、清洁剂、芳香剂后，接通电源加热至130℃，使用喷出的高温蒸汽对汽车内饰进行消毒。

利用此种方法时，汽车蒸汽消毒机的品质和技师的操作水平都十分重要，所以要尽量选择规模大、口碑好的汽车专业维护店。有的店家在蒸汽消毒的同时还附带红外线、负离子的消毒，不仅可以有效地清除车内的异味，还能杜绝细菌和螨虫的滋生。不过要注意，这种方法属于一次性杀菌方法，保持时间不长，而且容易引起电器、仪表及塑料件老化，因此不宜经常使用。

5. 活性炭吸附

活性炭是一种常用的吸附剂，具有良好的吸附性，可以吸附空气中的各种气态、胶态与颗粒态污染物质，从而达到消毒除臭的目的。活性炭在吸附饱和时需要再生或更换，约每3个月再生或更换一次。

活性炭等对挥发性有机物也有一定的吸附作用。但是，活性炭不能解决所有问题，只是对某些物质会起到吸附作用。另外，吸附材料也有相应的饱和值，使用一段时间之后就需要定期更换。而甲醛等有害气体有效挥发性长达 3~15 年，而且易挥发、来源广，寻求长久有效的清除甲醛方法，才是车内空气污染治理的必由之路。

6. 离子杀毒

这也是比较常见的一种车内空气清新方法，主要是通过购买车载氧吧释放离子达到车内空气清新的目的。车载氧吧使用方法简单，但是空气净化过程缓慢，杀毒不彻底。

汽车内部清洗
设备与用品

四、汽车内部清洗设备与用品

1. 清洗护理用品

由于内饰材料种类不同，使用的清洁维护用品也不同，选择和使用时一定要根据使用说明辨别清楚。现在很多专业的汽车清洗剂生产厂家，都会根据车上零件材质开发出专门的清洗产品。这些清洗产品操作简便、清洗效果好，并且安全环保，没有污染。

（1）化纤织物内饰清洁剂

化纤织物内饰清洁剂是去除汽车地毯和内饰品上各种污垢的干洗剂，主要用于汽车丝绒和地毯的干洗，也适用于汽车塑料顶棚、仪表板、塑料门内饰，以及座椅、行李箱的清洁除污。合格的内饰品清洗剂应该具有以下品质：

1）有效去除各种轻度污垢和油脂。

2）具有污染物屏蔽功效，有效防止被清洗纤维短期内再度遭受污染。

3）呈中性，不含强酸碱类物质，不会伤及各种材质，对人体健康无害，对环境友好。

4）使用较为简单，直接喷洒在被清洁的材质上，稍等片刻，用干净软布擦干净即可，无须用水冲洗。对于顽固性的污垢，可以借助刷子洗刷。

5）防止和消除静电的产生。

（2）皮革清洁剂

皮革清洁剂专门用来清除皮革饰件上的污染物，同时对皮革本身没有损坏。

（3）真皮护理剂

真皮护理剂应该根据真皮毛孔的特性，通过特有的渗透功能，用天然的营养精华对真皮进行清洁、滋润，使之更加柔和、更富弹性，延长使用寿命。优良的真皮护理剂应具有如下品质：

1）富含天然动植物滋补营养成分，具有良好的渗透和滋润作用，使皮具保持柔软的质感和自然的皮质色泽，对真皮有着深层、持久的保护作用。

2）其内有效成分可阻挡紫外线辐射，抗静电、防水，且有效防止皮革老化、龟裂和失色。

3）内含杀菌防霉活性成分、疏水剂，可以阻止真皮受潮、霉变。

但是，目前市场上的真皮护理剂大多是普通树脂类光亮剂，仅仅能使真皮表面形成一层短暂的光亮膜，并不能达到对真皮进行深层护理的效果。另外，很多真皮护理剂还含有有机溶剂，会引起皮革加速失色、老化。

（4）仪表板护理剂

仪表板护理剂俗称为仪表板上光蜡，主要用于对仪表板进行有效清洁、美容，阻止紫外线的侵蚀，抗静电，防止板材失色、龟裂和老化。其可以用于工程塑料件、木制件、橡胶密封条和皮革制品。优良的仪表板护理剂应具有如下品质：

1）良好的清洁、美容、抵御紫外线侵蚀、抗静电等功能。

2）不含有机溶剂，应采用纯天然制剂而不会给人体健康带来威胁，也不会污染车内环境。劣质或不合格的仪表板护理剂含大量的有机溶剂，异味浓重，令人窒息，且久不干燥，容易吸附尘土，对车内环境造成严重的污染，对人体健康存在潜在的威胁。

3）仪表板护理剂有气雾罐包装形式和塑料罐包装形式。对于气雾罐包装形式的仪表板护理剂，只要均匀摇晃，直立喷射到被清洗的表面，稍等片刻，用干净的软布轻轻抛光即可。对于塑料罐包装形式的仪表板护理剂，使用时要用干净的软布蘸着护理剂轻轻涂饰仪表板，稍等片刻，被涂饰的仪表板表面就会光洁如新。

（5）除臭消毒剂

除臭消毒剂可以清除驾驶室内的异味，杀灭有害细菌。使用时可以单独喷洒，也可以加到蒸汽消毒机中使用。

2. 工具和设备

（1）汽车内饰清洁专用吸尘器

清洁车厢，吸尘器是必不可少的设备，它可以通过更换不同的吸尘端头将犄角旮旯的杂物、灰尘清除干净。吸尘器使用后要拔下电源，存放处要远离热源和潮湿环境，并及时倾倒集尘桶中的垃圾。

（2）高温蒸汽机

1）高温蒸汽机通过将机器中的水加热，产生高温蒸汽，将顽固污渍溶解清除，起到杀菌消毒的效果。

2）使用高温蒸汽机时，将除臭剂与水按比例混合后加入其中。加完水后一定要将加水口盖拧紧，防止压力升高后蒸汽喷出伤人。

（3）臭氧机

臭氧机能迅速产生大量臭氧，对车厢进行杀毒。臭氧机使用方法简单，杀菌彻底。

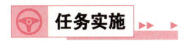

汽车内部清洁
护理与消毒

一、安全与防护

个人防护用品指为防止一种或多种有害因素对自身的直接危害所穿用或佩戴的器具的总称。个人防护用品的正确使用，可以保证技师避免生产过程中的直接危害，对技师的身体健康及生命安全都起着重要的作用。技师要根据工作性质和有害因素的不同，合理选用个人防护用品。

二、汽车内部的检查

1. 转向盘的检查

检查转向盘外表是否有损坏和脏污，转向盘上的缓冲垫和前排乘客一侧仪表板内安全气囊模块的表面，既不能贴东西又不能蒙上物品或做其他处理，如安装饮料托架、手机支架等。这两处只允许用干燥的或用水浸湿的抹布清洁。

2. 仪表板的检查

检查仪表板蒙皮是否有裂纹、破损等损伤。

3. 座椅的检查

检查座椅和头枕表面有无撕裂、破损等损伤，安装是否牢固。

4. 安全带的检查

检查安全带。安全带应保持清洁，否则限位器工作将不正常。

5. 车顶的检查

车顶内饰主要为汽车顶衬及隔热层等，多为皮革或合成纤维制品。在蒙皮与车体之间附有隔热层，该隔热层不仅有助于调节温度还可以降低车内噪声。车顶间隙处的隔热材料填充得越多、越厚，开车时所能听到的噪声也就越小。汽车顶衬的边缘最容易脏污，应重点检查。

6. 地板的检查

检查地板下面是否有潮湿现象。确保脚垫在行驶期间牢靠地固定并且不妨碍操纵踏板。只允许使用能保证踏板区域内通畅无阻且防滑的脚垫。如果不能通畅无阻地操纵踏板，可能危及交通安全导致人员受伤。确保脚垫总是牢靠地固定着，在已安装的脚垫上放置或安装其他的脚垫或地毯时，一定要保证固定牢靠，不能缩小踏板空间区域、妨碍踏的操纵。

7. 车门的检查

车门内饰板是经常磨损的地方，因此容易损坏。并且在其上还有很多控制按钮，如玻璃升降按钮、后视镜调节按钮、门锁拉手按钮等，在检查时应特别注意。

以上的检查要仔细，以便为清洗做好准备。

三、内部的清洁护理

1. 清除灰尘和杂物

1）将车内的脚垫等无关杂物取出，倒掉烟灰缸内的烟灰和烟蒂，如图 2-2-1 所示。尽量清除车内的垃圾。车门保持开启状态。

图 2-2-1　清理烟灰缸

2）打开空调，将风速调到最高挡，并拨弄空调出风口风向调节按钮。清除空调系统内部的灰尘，同时借助空调吹出的风清除车厢内的灰尘。

对于仪表板上那些沟沟坎坎的地方，需用一些特制的工具，如用各种不同厚度的木片，把其头部修理成斜三角形、矩形或尖形等不同样式，然后将其包在干净的抹布里面进行清扫。

3）取出脚垫，并将脚垫清洗干净，如图 2-2-2 所示。

4）用吸尘器清除座椅下部等边角处的灰尘和杂物，座椅要配合着前后调节，靠背放平，尽量将夹缝清洁干净，如图 2-2-3 所示。

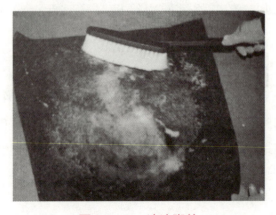

图 2-2-2　清洁脚垫

图 2-2-3　用吸尘器清洁灰尘和杂物

2. 清除顽固污渍

在车门上方的顶棚处和手扶部位，由于人员上下车的剐蹭，污渍最多，最难清洗。

1）用蒸汽辅助清洗，同时还能将顶棚内的有害细菌消灭。

2）边清洗边擦拭，逐步将污渍清除。

在清洗安全带时，要使用车内清洁剂或温水清洗并自然干燥，不能使用人工加热，如烘烤等方式，这样会影响安全带的安全性能和使用寿命。

3. 整理定型

对于不平整的部位可以用蒸汽熨斗熨一熨，使用蒸汽熨斗时要根据内饰的材料选好相应挡位，以免造成损坏，如图 2-2-4 所示。

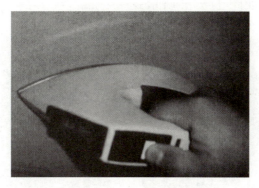

图 2-2-4 熨平褶皱

4. 维护

1）将维护剂喷涂于柔软毛巾或无纺布上，均匀涂于皮革、塑料等需要维护的内饰件表面，如图 2-2-5 所示。

2）用另一条柔软毛巾（或无纺布）擦干。或者直接将维护剂均匀地喷涂于内饰件表面，再用柔软毛巾擦匀、擦干。需要维护的部位都要擦拭到，维护后的部件应光亮如新，如图 2-2-6 所示。

图 2-2-5 喷涂维护剂

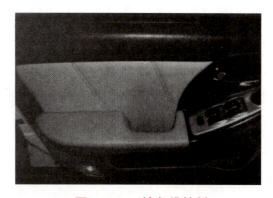

图 2-2-6 擦匀维护剂

四、内饰消毒

1. 高温蒸汽消毒

使用高温蒸汽对座椅底部、顶棚等部位进行杀菌消毒时，最好不要关闭车门，蒸汽量也要把握好，达到目的即可，如图 2-2-7 所示。对于真皮等贵重材料部位，清洗时要加倍小心，不要让水在这些表面停留时间过长而渗入内部，影响它们的使用性能和质量。

2. 臭氧消毒

使用臭氧消毒时，将臭氧机放在车厢内，接通电源，关闭门窗。开机释放臭氧到足够灭菌消毒的浓度和时间即可，如图 2-2-8 所示。

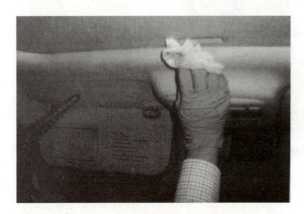 

图 2-2-7　高温蒸汽消毒　　　　　　　图 2-2-8　臭氧消毒

五、注意事项

1. 清洁剂的使用注意事项

进行汽车内部清洁时，要根据不同材质选用专用的清洁剂或最相近的清洁剂。例如，用水性真皮清洁柔软剂清洁真皮座椅；用化纤清洗剂清洗丝绒纤维制成的座椅、地毯等；用玻璃清洗液清洗车窗内侧的玻璃等。切记不要随意混合或加温使用车饰清洁用品。不同的车饰清洁用品混合后，可能会产生一些有害物质。对于首次使用的清洁剂，应先找到相同材质的部件进行清洗测试，或在待清洗部件的不显眼处进行测试。若使用真皮清洁剂清洗车内座椅皮革，可先在座椅底部或背面等不显眼的地方小面积使用，观察清洗效果如何，是否会对皮革产生损害。

2. 清洁作业注意事项

车饰件上有特殊的污渍，如焦油、油漆、机油等时，不可用力擦洗，应选用专用清洁剂进行清洗。喷上清洁剂稍停片刻再进行擦拭。擦拭方向要求后期只能单向运动，以使光线漫反射面保持一致。如有需要，可对清洗过的、较难干燥的饰件进行烘干处理，这样能有效防止饰件发霉。

任务实施记录工单 ▶▶　▶

汽车内部清洁护理

一、车辆信息记录

品牌		车型	□轿车　□SUV　□MPV
车辆识别码			

二、清洗前外观检查

检查项目	外观描述
仪表板及副仪表板	
门内护板	
顶棚及扶手箱	
座椅及脚垫	

三、清洗后外观检查

检查项目	外观描述
仪表板及副仪表板	
门内护板	
顶棚及扶手箱	
座椅及脚垫	

四、汽车内部清洁所需材料

内部清洁所需材料	

任务实施考核标准与学习评价 ▶▶ ▶

汽车内部清洁护理任务评价表

学生姓名		开始时间		结束时间	得分		
实施步骤	工作内容	序号	考核评价要求		标准分	扣分	扣分原因
一	安全防护	1	工作中正确使用安全防护用品		8		
二	汽车内部检查	1	检查转向盘外表是否有脏污、损坏		3		
		2	检查仪表板蒙皮是否有裂纹、破损		3		
		3	检查座椅和头枕表面有无撕裂、破损		3		
		4	检查安全带清洁状况		3		
		5	检查车顶脏污状况		3		
		6	检查地板下面是否有潮湿现象		3		
		7	检查车门内饰板是否有磨损		3		
三	内部清洁护理	1	脚垫清洁无污渍		5		
		2	烟灰缸清洁无杂物		5		
		3	空调出风口清洁无灰尘		5		
		4	仪表板及副仪表板清洁无灰尘		5		
		5	座椅清洁无灰尘		5		
		6	顶棚清洁无污渍		5		
		7	安全带清洁无污渍		5		
		8	内饰平整无褶皱		8		
		9	内饰皮革、塑料表面维护擦拭光亮		8		
四	安全生产	1	安全操作		8		
		2	场地清理		6		
		3	工具归位		6		

 拓展提升 ▶▶ ▶

　　我国已进入汽车社会,汽车给消费者带来了更多的便捷和快乐。然而,车内空气污染却严重威胁着消费者的健康和生命安全。自2012年3月1日起中华人民共和国生态环境部与国家质检总局联合发布的《乘用车内空气质量评价指南》正式实施。车内空气减污措施主要有以下几种:

1. 汽车装饰选用绿色原材料

乘用车要想避免车内空气污染，必须对使用的装饰材料和零部件进行控制，尽量选用不会造成污染或污染较小的原材料和零部件。乘用车内置材料的环保指标作为乘用车质量，特别是高档乘用车质量的一个重要因素来考虑。

2. 汽车制造生产工艺改进

对含有害气体的材料和零部件，尽量选择低毒、无毒原料进行零部件的加工或在使用前通过烘烤、室外空旷处放置或其他方法，使车内的有害气体充分释放。

尽量提高换气系统吸入口的位置。在测试中研究人员发现长途客车的室内空气污染普遍高于小型乘用车，且开启空调后污染值突然增加，这与车身空调装置吸入口的位置有关。

乘用车的 CO 和氮氧化物相对其他交通工具过高的原因是，乘用车的车身和换气系统的吸入口较低，使得外部其他车辆的尾气很容易进入车内，而车内的狭小空间又将这些污染物积累起来。

3. 增加天窗

乘用车天窗能够使进入车内的空气更加清洁柔和，同时灰尘也更少，因此，建议装上天窗。

4. 工程技术控制策略

工程技术控制策略，包括温度控制和通风控制两种。

1）温度控制。夏日气温高，使车内高温条件下，有害气体浓度更高。如果控制车内温度，也可一定幅度地降低车内污染物浓度。有研究表明，装贴太阳膜的乘用车可以显著地降低车内温度的升幅，但其作用有限，应配合采取其他合理措施。例如，在停车时选择阴凉的停车点，对乘用车玻璃或全车身进行遮阳，效果会更好。

汽车暴晒后不要立刻开空调行车，应该敞开车门、车窗，等异味排干净后再开车；这样可以一定程度上降低车内污染物浓度，减轻对人体的危害。

2）通风控制。驾驶新车要注意通风，以便车内环境中的有害物质尽快挥发。建议新车使用时最好开窗行驶，或将空调调节按钮置于外循环模式，这样 VOC 浓度会下降得很快。新车尽量在高温环境下停放，高温有利于 VOC 挥发。如果车舱内湿度高，VOC 的挥发也会很快。另外，要尽量少在车内停留。

若新车内气味在三个月甚至六个月都不能完全散发，或驾车者有不良反应，如熏眼睛、呼吸刺激甚至头晕的感觉，要尽快对车内空气质量进行检测，以早发现和清除车内污染源。

任务三　发动机舱清洁护理

 学习目标

知识目标

1. 了解发动机清洁维护用品的种类和选用要求。

2. 掌握发动机清洁设备的使用方法。

3. 了解发动机清洁维护工序和注意事项。

技能目标

1. 能正确选用发动机清洁维护用品。

2. 能规范进行发动机的清洁维护。

素养目标

通过对发动机舱清除油污及维护操作，培养学生的劳动意识，进行劳动教育，使学生理解马克思主义劳动观。

 相关知识

发动机舱的污染以油性污染物为主，尘土、油污及各种酸碱物质特别容易附着在发动机机体等部件上，这些物质会与金属产生氧化反应而腐蚀机件。润滑残留物是汽车发动机最常见的污渍，如图2-3-1所示。

图 2-3-1　脏污的发动机

在使用汽车时，发动机润滑油工作过程中经常会发生一定程度的"老化"、氧化和聚合，而这些残留物也往往容易附着在零部件的表面。长期的高温和氧化作用还易使发动机的橡胶、塑料制品因老化而失去弹性，进而产生龟裂，严重时还会导致发动机故障。油污严重会影响散热，如果在炎热的夏季有电线老化产生火花，很容易发生汽车自燃事故。

发动机美容是采用专业美容清洁用品对发动机及其附件进行清洗和维护，以有效延长其使用寿命的一种操作工艺。

一、工具和材料

1. 清洗维护用品

1）发动机表面清洗剂，能快速乳化分解去除油污，且不腐蚀机体及其部件。发动机表面清洗剂水溶性好，可完全生物降解，易用水冲洗。

2）发动机维护剂，用于发动机外部件的护理，是优质的水基上光剂，能保护零件，防止其沾染灰尘。

2. 工具和设备

1）刷子，是辅助清洗工具，用来清除顽固污渍。

2）保护膜，具有防水功能，能够保护电气元件。

3）洗车机，将水压调低，用来淋湿和冲洗溶解的污垢。

4）空气压缩机，提供压缩空气，及时吹干电气元件和电线接头处的水分。

二、发动机的外部清洁

发动机是汽车的动力装置，是汽车最为关键的部分，必须经常进行清洁护理，才能减少故障的发生，延长其使用寿命。对于发动机的外部清洁，主要的工作有 3 个方面：一是外表灰尘及油污的清除；二是表面锈渍的处理；三是电气电路部分的清洗。

1. 外表灰尘及油污的清除

发动机外表可先用刷子或压缩空气等进行除尘，然后选用合适的发动机外部清洗剂进行擦洗处理。需要注意的是，发动机外表不能用汽油来代替专用清洁剂进行清洗。

2. 表面锈渍的处理

铸铁等金属表面生锈是一个缓慢的氧化过程，开始时表面会出现一些细小的斑点，然后逐渐扩大，颜色变深，形成片状或一层层的锈渍，从而形成严重的锈蚀。对于锈斑，应早发现、早处理，在生成小斑点时就进行清除，以免斑点扩大后较难处理。除锈时，可先将除锈剂喷在锈斑处，然后进行擦洗。

3. 电气电路部分的清洗

发动机电气电路部分包括点火线圈、分电器及各种电路线束等，这些部件必须采用特定护理产品进行清洁。如果长期用水和普通清洁剂处理，则只能加速其塑料壳体和线束橡胶的老化，影响汽车启动和行驶。

4. 注意事项

1）清洗时应选用碱性小、不腐蚀橡胶塑料件及外涂银粉的清洗剂。

2）用清洗剂擦洗之前，先用刷子或压缩空气掸除灰尘或细砂等。

3）清洗发动机舱时，注意不要将清洗剂喷到电气系统的零件上，更加不能用水去冲洗，否则可能造成短路，使发动机不能启动。如果不小心溅到电气系统上，应用干布擦干，或用压缩空气把水吹干。

4）一定要先把清洁剂喷到棉布或海绵上，然后擦洗。

5）清洗完后，可擦上塑料橡胶件保护剂使其色泽重现，延缓老化。

三、燃油系统的清洁护理

汽车发动机燃油系统在长期的工作中，其油箱、油管、喷油器等处易生成胶质和沉积物，火花塞、喷油器、燃烧室等处易生成积炭。这些现象会影响燃油的供给及混合气的正常燃烧，从而导致发动机怠速不稳、加速不良，甚至出现爆燃等情况，使发动机油耗增加、废气排放增加。因此，必须对燃油系统进行定期的清洁护理，以维持发动机性能良好的工作。

发动机燃油系统的清洁护理是在发动机不解体的情况下，通过专业设备或采用专业用品来达到清洁护理的目的。

1. 燃油系统清洗机清洗

先配制好清洗剂与燃油的混合液，将清洗机的进回油管接到汽车的燃油系统中，启动清洗机和发动机进行燃烧清洗。在发动机运转的同时，混合物经燃烧将分布在系统中的胶质和积炭溶解剥落，并随废气排出。

2. 专用清洗剂清洗

汽车发动机燃油系统可选用汽油喷射系统高效清洁剂进行清洗。这种专用清洗剂能随燃油流动，自动清除、溶解燃油系统中的胶质、积炭等有害物质。使用时按说明书要求的用量直接加入油箱内即可。

四、润滑系统的清洁护理

发动机在运行过程中，润滑系统的润滑油就处在高温高压的条件下工作，容易产生油泥、胶质等沉积物，这些物质黏附在润滑系统的油路之中，不但影响润滑油的流动，而且加

速了润滑油的变质，使运动零件的表面磨损加剧。因此，必须定期对润滑系统进行清洁护理，以保证润滑系统的正常工作，从而延长发动机的使用寿命。

1. 机器清洗

先排出发动机油底壳的润滑油，取下机油滤清器，接好发动机润滑系统清洗机的进出油管，启动开关进行清洗，清洗完毕后清洗机会发出警报声，提醒操作员已经清洗完成。清洗完成后拆下进出油管，装好机油滤清器和放油塞，重新加注润滑油。

2. 专用清洗剂清洗

发动机内部高效清洁剂能有效清洗润滑系统各部油道及运动部件表面，将油泥、胶质等沉积物溶解。这种清洁剂一般在更换润滑油前使用。清洗时，将其适量加注到曲轴箱中，启动发动机运转 15~30 min 后，排掉脏污的润滑油，更换机油滤芯，最后加注新的润滑油。

五、冷却系统的清洗

现代汽车冷却系统中虽然不是直接使用水来冷却，但是冷却液中也不同程度地含有碳酸钙、硫酸镁等盐类物质。冷却系统长时间工作后，这些物质会从冷却液中析出，一部分形成沉淀物，一部分沉积在冷却系统的内表面形成水垢。

在发动机冷却水套及散热器壁上形成的水垢影响其热交换过程，冷却系统内如沉积过多的水垢，会减少冷却液的容量，影响冷却液的循环。由于水垢层的导热性能不良，发动机容易出现过热的现象，使发动机润滑条件恶化，运动部件表面不能形成良好的润滑油膜，也使燃烧室内积炭增多，容易产生爆燃，造成功率降低和油耗增大。因此，汽车行驶一定的里程后，应对冷却系统进行清除水垢的作业。

1. 清洗机清洗

可利用散热器清洗机来清除水垢。散热器清洗机是清除水垢的专业设备，它利用气压产生脉冲，在清洗剂的作用下快速清除冷却系统内的水垢。使用散热器清洗机时要先接好其三通管接头。

2. 专用清洗剂清洗

冷却系统高效清洁剂具有超强清洁力和高效溶解性，能彻底清除冷却系统内的水垢，恢复冷却系统各管道的流通能力，确保散热性能。使用时，按说明书的要求将适量清洁剂加入冷却液中，拧好散热器盖，启动发动机运行 6~8 h 后，排出冷却液，清洗完毕后再重新加注冷却液即可。这种专用清洗剂水垢去除率至少在90%以上，且不会对冷却系统造成腐蚀。

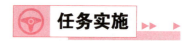
任务实施

一、保护电气设备

用锡箔纸或保鲜膜等防水材料扎紧不宜水淋的部件，如分电器、电线卡头、蓄电池、各传感器卡头等，如图 2-3-2 所示。断开蓄电池，将分电盘、蓄电池、接线柱、熔断丝盒、加水盖等用保鲜膜或锡箔纸包裹好。拆掉防盗扬声器或用保鲜膜将防盗扬声器完全包裹好。检查机油盖、制动液盖、动力转向油盖是否密封良好，如果有密封不良现象应将其拧紧或用保鲜膜完全包裹好。

图 2-3-2　保护电气设备

如果发动机污垢较厚不容易清除的话，要在保护电气设备前，先用钢片将顽固污垢清除，或由上至下用长柄刷子刷除发动机舱盖、发动机其他零件、钣金四周的污垢。

二、清洗发动机舱

发动机舱清洗护理

1. 淋湿发动机舱

带上塑胶手套用喷壶由下至上喷洒配制好的发动机清洁液，先喷洒清洁液于发动机室全部零件上，再在发动机盖上喷洒清洁液。喷洒时将水枪扇面调到最大，使水压尽量低一些，能将尘土冲掉，将发动机淋湿就可以。前风窗玻璃与发动机舱隔热空间内最容易积留树叶、污泥和灰尘等污物，并且很容易被空调风机带进驾驶室内，一定要仔细冲洗。

2. 静置

均匀地喷洒发动机清洗液后静置 5~10 min，待清洁剂把油垢分解松软后，再彻底清洁污垢。油污严重的部位要用毛刷仔细刷洗。

3. 清除油污

发动机上污垢被清除掉后，再次用水枪冲掉泡沫和污水。用高压清水由下至上先冲洗发动机舱各个零件缝隙，再冲洗发动机舱盖下方，冲洗至无泡沫为止。注意，不要直接冲洗熔断丝盒及火花塞。

4. 表面吹净、去除保护

发动机清洁完成后，及时将保护膜取下，尽快吹干火花塞、传感器和电线接头等电气零件处的积水。由上至下先吹除发动机舱盖下方的水分，再吹除发动机舱全部零件的水分，尤其要注意吹除熔断丝盒、火花塞、分电盘及防盗扬声器的水分。

三、维护

　　向发动机表面均匀喷洒发动机维护剂。发动机维护剂可以有效保护发动机上的零件，能防止塑料橡胶零件老化，避免发动机表面沾染灰尘。如果时间长了有灰尘堆，用压缩空气吹干净即可。塑胶及橡胶光泽保护剂能形成保护膜，从而防止电线老化，使线束光亮美观。

任务实施记录工单 ▶▶ ▶

发动机舱的清洁护理

一、车辆信息记录

品牌		车型	□轿车　□SUV　□MPV
发动机型号		发动机排量	
车辆识别码			

二、清洗前防水工作检查

防水项目	防水工作描述
发电机、分电器	
防冻液壶、制动油壶、玻璃水壶、机油尺	
熔断丝盒、蓄电池、空气格	
各线束	

三、清洗后风干检查

检查项目	风干工作描述
发电机、分电器	
防冻液壶、制动油壶、玻璃水壶、机油尺	
熔断丝盒、蓄电池、空气格	
各线束	

四、发动机清洁所需材料

发动机清洁所需材料	

任务实施考核标准与学习评价 ▶▶ ▶

发动机舱的清洁护理任务评价表

学生姓名		开始时间		结束时间		得分		
实施步骤	工作内容	序号	考核评价要求			标准分	扣分	扣分原因
一	安全防护	1	工作中正确使用安全防护用品			5		
二	防水保护	1	正确防护发电机、分电器			5		
		2	正确防护防冻液壶、制动油壶、玻璃水壶、机油尺等			5		
		3	正确防护熔断丝盒、蓄电池、空气格等			5		
		4	正确防护线束			5		
三	清洁发动机舱	1	发动机清洁液喷洒均匀			10		
		2	合理控制清洁液静置时间			5		
		3	正确清除严重油污			10		
		4	冲洗发动机表面			10		
四	风干防护部件	1	发电机、分电器表面无残留水分			5		
		2	防冻液壶、制动油壶、玻璃水壶、机油尺等表面无残留水分			5		
		3	熔断丝盒、蓄电池、空气格等表面无残留水分			5		
		4	各线束表面无残留水分			5		
五	维护	1	均匀喷洒发动机维护剂			10		
六	安全生产	1	安全操作			4		
		2	场地清理			3		
		3	工具归位			3		

 拓展提升 ▶▶ ▶

　　发动机的清洁护理主要包括发动机外部清洁护理和内部清洁护理两个方面的内容。发动机的外部清洁护理主要包括外表面灰尘及油污铁锈的处理和电气部分的清洁护理，这些内容在前面已做介绍，发动机内部清洁护理主要包括以下几个方面，其护理流程如下：

1. 燃油系统的清洁护理

1）燃油系统清洗机清洗：先配制好清洗剂与燃油的混合液，将清洗机的进回油管接到汽车的燃油系统中，启动清洗机和发动机进行燃烧清洗。

2）专用清洗剂清洗：选用燃油喷射系统高效清洁剂进行清洗。

2. 润滑系统的清洁护理

1）机器清洗：先排出发动机油底壳的润滑油，取下机油滤清器，接好发动机润滑系统清洗机的进出油管，启动开关进行清洗，清洗完毕后清洗机会发出警报声，提醒操作员已经完成清洗。

2）专用清洗剂清洗：发动机内部高效清洁剂能有效地清洗润滑系统各部油道及运动部件表面，将油泥、胶质等沉积物溶解。

3. 冷却系统的清洗

1）清洗机清洗：可利用散热器清洗机来清除水垢。

2）专用清洗剂清洗：冷却系统高效清洁剂具有超强清洁力和高效溶解性，能在发动机运行中彻底清除冷却系统内的水垢，恢复冷却系统管道的流通能力，使其保持良好的散热性能。

 任务四　汽车底盘清洁护理

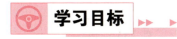 **学习目标**

知识目标

1. 掌握底盘损伤的类型。

2. 了解底盘保护材料的使用方法。

3. 掌握底盘装甲的工艺流程。

技能目标

1. 能检查底盘损伤。

2. 能进行底盘装甲。

素养目标

通过进行底盘的清洁护理学习，注重工具和材料的清洁、工位的整理等操作，培养学生良好的团队协作意识，以及"5S"的职业规范和职业精神。

🔘 **相关知识** ▶▶ ▶

　　俗话说"烂车先烂底"，汽车底盘是除轮胎以外最贴近地面的汽车部件，工作环境异常恶劣，终年不见阳光。汽车在使用的过程中要经历各种气候条件和复杂路况：春季多风沙，细小沙石对底盘的撞击；夏季雨后，地表蒸汽烘烤，酸雨侵蚀；冬季雪后，除雪剂的腐蚀。汽车在行驶过程中，路面飞溅起的沙砾不断撞击底盘，细小的沙石像锋利的小刀切削底盘，形成划伤和斑点，底盘上原有的防锈层逐渐被破坏，使金属暴露在外面。有很多车表面上看起来光艳照人，而底盘早已经锈蚀斑斑。废气、冷风、噪声、灰尘都会从这些细小的洞孔中渗入。洞孔逐渐扩大，铁皮生锈，层层剥落。判断一辆汽车质量的好坏，观察底盘是最直观的方法，如图 2-4-1 所示，汽车底盘的护理工作对汽车来说是非常重要的。

图 2-4-1　受到腐蚀的汽车底盘

一、汽车底盘的损伤

　　汽车底盘的损伤主要有碰撞损伤和锈蚀损伤两类。

1. 碰撞损伤

　　汽车底盘处于车身的最底部，离地面最近，难免受到碰撞、剐蹭。碰撞轻微的，会损坏金属造成锈蚀；碰撞严重的，会损坏底盘零件，如刮坏油底壳、地板、副车架、稳定杆，撞坏纵梁、转向横拉杆、半轴等，会造成润滑油泄漏、车身变形、车辆跑偏等后果，直接影响车辆的正常行驶。

2. 锈蚀损伤

　　汽车底盘一般是人们最容易忽略也是最容易遭到腐蚀的部位，归纳起来汽车锈蚀的主要因素如下：

　　1）车辆长时间行驶后附着的油污，油污严重时会影响散热，还会腐蚀车体。

　　2）因轻微意外或碎石碰撞而划破表面烤漆防护层，以致造成锈蚀。

　　3）冬季除了气候寒冷的因素外，一些北方城市播撒的融雪剂也会对汽车底盘造成一定的腐蚀。

4）雨天路湿，车辆下侧的空隙处特别容易积存污泥，给湿气提供了藏匿的地方，这往往也是最容易导致生锈的地方。某部分长期潮湿，尽管其他部分保持干燥，亦可能生锈。

5）车体嵌板部分、凹处与其他部位聚积含水分的泥土与碎泥，会加速锈蚀。

6）潮湿的地毯使汽车内部无法完全干燥，造成地板锈蚀。

二、汽车底盘部分的清洁护理

汽车底盘清洗护理

汽车底盘部分由于与路面距离最近，工作环境比较恶劣，经常会粘有泥土、焦油、沥青等污物，尤其是下雨天，底盘部位很容易粘上泥水，如不及时清洗还容易形成锈渍，此外还有可能由于底盘系统的油液渗漏，粘上灰尘后造成油渍、油泥等，如不及时护理，就会影响汽车的行驶性能。汽车底盘部分的清洁护理包括车身底板的清洁护理、转向系统的清洁护理、传动系统的清洁护理、制动系统的清洁护理、轮毂的清洁护理等。

1. 车身底板的清洁护理

车身底板位置比较特殊，护理的好坏一般不容易发现，因此往往被人忽视，而且底板朝着行驶路面，行驶时容易粘上泥水、焦油、沥青等污物，此外还有因护理不及时而产生的锈渍、锈斑等。对于泥土、焦油、沥青等可用发动机清洗剂或除油剂清洗，对于锈渍、锈斑等可用除锈剂进行擦洗。清洗完成后再用多功能防锈剂喷涂在底盘上即可。

2. 转向系统的清洁护理

转向系统的转向横拉杆、齿条壳、转向节臂等部件位于车底，汽车行驶时比较容易脏污，如不及时清洗，时间长了就会生锈。一般的污渍可用多功能清洗剂进行清洗，如果发现有锈斑就必须用除锈剂进行擦洗。清洗后可喷上多功能防锈剂进行护理。此外，还可以在转向助力贮液灌中添加转向助力调节密封剂，其可恢复老化橡胶油封的密封性，防止转向液的渗漏，消除因漏液而造成的转向迟钝、转向沉重等现象，并能清洁并润滑助力转向系统内部机件，防止胶质、油泥产生，减少机件磨损，延长使用寿命。

3. 传动系统的清洁护理

传动系统的变速器、传动轴、主减速器壳体、半轴套管等部件也是容易粘上泥土的地方，时间长了没有清洗也会生锈，一般可用多功能清洗剂进行清洗。

4. 制动系统的清洁护理

在行车制动器中，由于其工作情况特殊，制动蹄片有可能会粘上油泥、制动液、烧蚀物、胶质等污物，容易产生制动噪声，影响制动性能，因此必须定期进行清洁护理。清洁时可选专用的制动系清洁剂进行喷洒清洁，其能有效清除制动蹄片上的污物，改善制动效能，消除制动噪声。使用时只要将清洁剂喷在需要清洁的部位，使之风干即可。如有必要可重复清洁。

5. 轮毂的清洁护理

汽车行驶时轮毂是比较容易脏污的部件，清洗铝合金轮毂时须特别小心，其表面有保护漆，通常应选用中性清洁剂。清洗时应一次清洗一个轮毂，这样可避免清洁剂在轮毂表面凝固，若清洁剂凝固，清洁效果将降低，且在使用清水冲洗时更加困难。一般灰尘污物，可用普通清洁剂进行清洗，而长期附着在轮毂上的积垢，如沥青、制动摩擦片磨损留下的黑粉等，使用普通的清洁剂一般很难清除，可用强力轮毂去污剂。清洗时先喷上强力轮毂去污剂，稍等片刻，用软毛刷进行刷洗清除，刷洗时切勿使用过硬的刷子，否则将会刮伤轮毂表面的漆面。轮毂清洗后，再用专用防护剂进行护理，一般每两个星期应彻底清洗轮毂上的污物。

6. 轮胎的清洁护理

轮胎上除了粘有灰尘、泥土和砂石外，还有一些酸、碱性物质污染。清洗时可先将夹在轮胎花纹的砂石清除，再用高压水冲刷上面的灰尘和泥土，对于一些酸、碱性物质一般用水难以清除，而普通清洁剂也没有很好的清洗效果。这时可用轮胎清洁增黑剂来清除护理。它能清除轮胎上的酸、碱性污染物和其

轮胎破损修补

他有害物质，还可以清洁、翻新橡胶、塑料和皮革制品等作用。此外，还有助于降低紫外线辐射，减缓橡胶老化，延长使用寿命，同时兼具增黑上光功能，用后能使轮胎光亮如新。使用时将轮胎清洁增黑剂刷在轮胎的表面即可。

三、底盘封塑保护

"底盘装甲"是高档车的必备，在国外底盘防锈受到高度重视，因为它会破坏车架原有支撑力，像奔驰、宝马等高档车出厂时就有比较完善的底盘防护措施。而国内绝大多数汽车厂家出于成本考虑，对底盘的处理非常简单，只喷上了薄薄一层车底涂料（有些是 PVC 材质），甚至一些车只喷涂局部，而出厂时底盘的防锈漆和镀锌层，只能在理想环境下才能对底盘起到防锈的作用，所以给自己的爱车穿戴一件底盘装甲是非常必要的。底盘装甲、汽车底盘封塑可以使底盘免受以上损害。

1. 汽车底盘装甲的概念

底盘装甲的学名是"防撞防锈隔音保护底漆"，是专门为汽车底盘开发的一种高科技的黏附性涂层，具有防锈、防振、防撞击、防水、吸音降噪等功效。底盘装甲不仅增强了对车底盘的保护，同时也提高了驾乘的舒适性，可以延长底盘 3~5 年的使用时间。所以，在生锈以前，先给底盘做一次全面彻底的装甲是很有必要的。

底盘装甲最佳时机是新车底盘干净，使底盘装甲附着力高，提供更持久的保护。

2. 底盘装甲、封塑的作用

（1）确保行车安全

受损的底盘可能会导致一些零件变形，特别是上下摆臂、左右方向拉杆等容易发生变

形，一些轻微碰刮同样会引起润滑油箱油底壳或油箱油底壳等发生轻微渗漏。这些变形和渗漏不容易被检测到，但是会严重影响行车安全。数据显示，很多交通事故都是由于底盘变形所导致的。为了确保行车安全，国家规定每年车辆年检时要检查底盘，任何发生底盘锈蚀的车辆要进行修补后才能重新上路行驶。

（2）确保汽车价值，延长使用寿命

车辆保养越好，价值自然越高。经过一段时间的行驶之后，无论自己使用还是准备换车，经过底盘防锈处理的车辆肯定能够拥有更高的价值。

（3）提高行车舒适度

由于底盘防锈采用具有弹性的材质进行密封性处理，一方面大大增加了车辆行驶时的平稳度，另一方面极大地降低了行驶过程中的风噪和路噪，极大地提高了车主的驾乘舒适度。

（4）减弱共振

车子的振动在某一频率上会与底板产生共振，使人产生很不舒适的感觉，而底盘装甲会大大减弱共振。

（5）其他方面

1）在冬季，底盘装甲可以阻止车内暖气往底盘下方散发。

2）降低汽车行驶中的摩擦噪声，同时提高车内的隔音效果。

3）底盘污渍易冲洗。

3. 底盘封塑与装甲区别

底盘封塑是很多车主熟悉的养护项目，普通封塑为 2 mm 的施工厚度，主要成分是聚酯材料。底盘装甲除具有封塑的功能外，还有显著的隔音降噪作用。因为装甲后在底盘上形成将近施工厚度为 4 mm，局部 0.5 cm 以上的橡胶和聚酯材料混合涂层。这种涂层具有高弹性，有效减弱了砾石直接打在金属上发出的噪声。

四、车轮定位和轮胎动平衡

1. 车轮定位

为了使汽车始终保持稳定的直线行驶和转向轻便，转向后能自动回正并减少汽车在行驶中轮胎及转向机构机件的磨损，转向车轮、转向节和前轴三者之间的安装要有一定的相对位置。这种具有一定相对位置的安装称为前轮定位或后轮定位，统称为车轮定位。车轮定位要在轮胎专用的平衡试验机上做测试和调整。

四轮定位

转向轮的转向轴心——主销并非垂直于地面，而是朝两个方向产生倾角，即主销内倾角和主销后倾角。车轮本身也有主销外倾角和前轮前束。主销后倾角的主要目的是让主销的延长线与地面的交点在车轮触地点的前面。这种设计是为了使车轮在滚动的过程中保持稳定，不致左右摇摆。

而主销内倾角的目的是在转弯的时候让车轮产生倾斜。汽车右侧车轮在右转弯的时候在主销内倾角和后倾角的共同作用下会向右侧倾倒，而左侧车轮虽也有主销内倾角，但不会向左侧倾倒，因为还有主销后倾角，把它又拉了回来，甚至使其向右微微倾斜。另外，两侧车轮的转动还使右侧车身降低，左侧车身抬高，整个车身也向右倾斜，于是产生了足够的向心力。

除了主销后倾角和主销内倾角用以保证汽车稳定直线行驶外，车轮中心平面也不是垂直于地面的，而是向外倾斜一个角度，称为车轮外倾角。这是因为，假如空车时车轮正好垂直于地面，则满载时车桥因受压产生变形，中间下沉，两端上翘，车轮便随之变为内倾，这样将加速轮胎的磨损。另外，内倾的车轮从两端向内挤压轮毂上的轴承，加重了它的负荷，降低了使用寿命。因此，在安装车轮时要预先使车轮有一定的外倾，这也使其与拱行路面相适应。

车轮有了外倾以后，在滚动时就会导致两侧车轮向外滚开，而由于转向横拉杆和车桥的约束使车轮不可能向外滚开，于是车轮在无法按照预定轨迹滚动的情况下，势必产生横向滑动，从而加重轮胎的磨损。为了消除这种不良影响，在安装车轮时，应使汽车两前轮并不平行，俯视车轮会发现两前轮就像人的内八字脚一样，这种情况称为车轮前束。在外倾角和车轮前束的共同作用下，车轮基本上可以沿直线滚动而没有横向影响了。

2. 轮胎动平衡

汽车车轮的轮毂边缘上，有的有一块或多块大小不等的小铅块。与各式各样漂亮的轮毂相比，这些小铅块好像有些不太相衬。但正是这一个个小小的铅块，对汽车高速行驶的稳定性起着非常重要的作用。

车轮胎压检查与动平衡

汽车的车轮是由轮胎、轮毂组成的一个整体。但由于制造上的原因，这个整体各部分的质量分布不可能非常均匀。汽车车轮高速旋转起来后，就会形成动不平衡状态，造成车辆在行驶中车轮抖动、转向盘振动的现象。为了避免这种现象或是消除已经发生的这种现象，就要使车轮在动态情况下通过增加配重的方法，使车轮校正各边缘部分的平衡。这个校正的过程就是动平衡。

在行车过程中发现车辆高速行驶时转向盘抖动或车轮出现某种有节奏的异响，就可能是车轮该做动平衡了，尤其是更换轮胎、轮毂或是补过轮胎后，车轮受过大的撞击及由于颠簸导致平衡块丢失等都应该对车轮做动平衡。别小看了车轮的动平衡，也别小瞧了那一块块不起眼的小铅块，如果车轮动平衡不好会造成轮胎的异常磨损，也会影响车辆的稳定。特别是前轮，振动会通过转向系统传到转向盘，不但影响驾驶员的驾驶，严重的还会导致转向系统的松旷。

轮胎应当定期用动平衡检测仪做动平衡检查。轮胎平衡分为动态平衡和静态平衡两种。动态不平衡会使车轮摇摆，令轮胎产生波浪形磨损；静态不平衡会产生颠簸和跳动现象，往往使轮胎产生平斑现象。因此，定期检测平衡不仅能延长轮胎寿命，还能提高汽车行驶时的稳定性，避免在高速行驶时因轮胎摆动、跳动，失去控制而造成的交通事故。

　　动平衡检测的意义在于：消除动态不平衡，同时对主销后倾角、主销内倾角、车轮外倾角、车轮前束进行检测，保障车辆行驶的安全。

　　车轮定位和平衡对于保证轮胎安全和理想的里程数很重要。如果发现轮胎磨耗不均匀，如轮胎胎肩磨耗快于胎面其余部分，或者车辆过度抖动，这可能是车辆定位不良或不平衡造成的，需要做动平衡检查。

 任务实施 ▶▶ ▶

汽车底盘装甲
喷涂

一、施工前准备

1. 个人防护用品

1）穿戴好工作服、工作鞋、工作帽等常规个人防护用品。

2）佩戴防护口罩、耐溶剂的橡胶手套和防护眼镜。

2. 施工安全

1）底盘装甲操作要在车下施工，要注意车辆举升机的安全操作规范。

2）喷涂操作时，要注意工作车间的通风。

3）底盘装甲、除油剂等喷涂物不得对着他人或其他物体喷涂。

3. 设备工具

汽车举升机、气泵（需要配备油水分离器）、拆装工具、喷枪（图 2-4-2）。

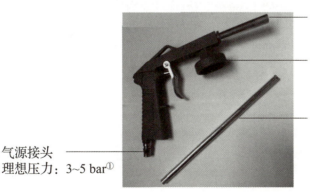

调节喷枪管，可以达到
不同的喷涂速度，得到
不同表面颗粒度

装在底盘胶喷管上旋紧

喷管，直达喷罐底部，
提高底盘胶利用率

气源接头
理想压力：3~5 bar[①]

图 2-4-2　底盘装甲喷枪

---

① 1 bar = 0.1 MPa。

4. 耗材

清洁剂、汉高专用清洁剂，抹布，遮蔽胶带、快捷遮蔽膜、报纸，大张塑料薄膜（遮挡车轮也可用一次性塑料台布），盛满清水的桶。

二、底盘损伤的检查

1）举升车辆到适当高度，确认安全后，进入车底，仔细对底盘部分进行检查。

2）检查底盘部分有无刮碰损伤、表面是否有锈蚀、零件是否有变形。

3）检查排水口是否变形或被堵塞、是否能正常排水。

三、施工流程

1. 清洁

首先要仔细地将底盘彻底清洁一遍。将车辆停放于施工现场的汽车举升机上，固定好支撑点。卸下4个车轮，并给各轮注明相应位置。

1）可以先用高压水枪将泥土等污垢清除，如图2-4-3所示。再使用专用去污剂，把沥青、油污等彻底去除干净。彻底清洁底部表面除去油脂、污染物及残余车蜡。新车只用做简单的清洗工作。

图2-4-3　清洁底盘

2）如果汽车老旧，车底已经有了腐蚀现象，或者底盘有被刮碰的痕迹，导致之前的底盘装甲或者油漆损坏，露出钢铁部分。此时，一定先将这些部位处理好，否则直接做装甲，锈蚀仍然会在内部发生。

升高汽车，用高压水枪冲洗底盘（图2-4-4），先涂上发动机外部清洗剂或发动机去油剂，去除底盘上黏结的油泥和沙子，或用特制砂纸打磨掉原防锈层；注意车辆轮弧、挡泥板及挡泥板衬边的污垢。用水冲洗轮弧、挡泥板及挡泥板衬边。对于顽垢，可以用刷子刷洗。

对于旧车，须清除锈蚀点的锈斑。

3）底盘清洁后需要用压缩空气吹干清洗过的各部位，如图 2-4-5 所示。用压缩空气吹干底盘部分的积水，尤其是缝隙，要干燥彻底。对于难以吹干的部位，用毛巾擦干。这些处理时任何一项疏忽都会影响底盘装甲的牢固度。

图 2-4-4　除锈

图 2-4-5　干燥

2. 遮护

底盘装甲不可使用在汽车可转动部分和需要散热的部位，操作时须保证对非施工部位的遮蔽保护，以防因喷涂而影响车辆的性能。

1）利用遮蔽纸和遮蔽带将不能喷涂的部位包覆（图 2-4-6）：排气管、发动机、传动轴、三元催化器、镀锌板类散热部件，各种管线及接口、螺钉；利用大张塑料薄膜包覆轮胎；利用遮蔽膜包覆整个轮弧，并沿车身裙边贴好。

2）有的车子轮弧部位是用整块 PVC 板保护的，这时就需要先拆下车轮，再拆下 PVC 板并对里面的裸露金属部位进行喷涂。

图 2-4-6　遮蔽

3. 喷涂

施工部位为车辆底盘钢板、轮弧。检查喷机气压是否充足，如不足应充足后使用。

1）先对车辆翼子板进行喷涂，使用前充分摇晃容器。涂料使用前用力摇匀容器罐拉开拉环，将喷枪吸管插穿铝膜，并拧紧容器罐与喷枪的对接口，即可开始喷涂。喷涂时，要与底盘保持 30 cm 距离，先水平喷涂，然后保持一定角度喷涂。注意，最佳厚度为 1.5 mm 以上。将底盘装甲各组分材料依次喷涂到底盘；喷涂之后，防撞防锈底漆应均匀分布，并有足够厚度。但首次喷涂的量不要过多，能有 50% 的遮盖力就可以，如图 2-4-7 所示。注意，不要喷涂在车轴、驱动轴、发动机、变速器、排气管等移动部件。

汽车美容装潢技术

图 2-4-7　喷涂

2）约 30 min 之后，进行第二次喷涂。二次喷涂要将底材全部遮盖，不能露出底盘原来的颜色，以达到完全保护的目的。作业之后，等待喷涂部位表干。"底盘装甲"分布均匀，呈黑色颗粒状至少喷 3 层，厚度约为 4 mm。

3）如果经过两次喷涂后某些部位的覆盖效果不好，要及时进行补喷，保证遮蔽性越强越好。

4. 干燥

1）去除周边遮蔽物，用专用清洁剂清洗周边非喷涂部位，等待风干，并做好场地清洁工作。

2）喷涂后 20~30 min，用手轻触底盘装甲，如底盘装甲表面干燥，新车大约 1 h 即可上路。旧车要根据车况而定。

3）涂层完全固化时间为 3 天左右，在此期间，不影响车的使用。

4）将轮胎装好后，仔细检查车身漆面是否有装甲残留物，如有应及时清理干净。

5. 清洗工具

1）立即清洗喷枪。

2）清除遮蔽用的塑料薄膜、粘贴胶带，并清洁场地。

四、竣工检查

检查是否还有遗漏的地方，是否在不应该喷涂的部位喷涂了，发现问题及时处理。

50

任务实施记录工单

汽车底盘的清洁护理

一、车辆信息记录

品牌		车型	□轿车　□SUV　□MPV
车辆识别码			

二、清洗前外观检查

检查项目	外观描述
挡泥板及塑料拱罩	
翼子板内侧	
发动机护板	
底盘是否有油液渗漏	

三、清洗后外观检查

检查项目	外观描述
挡泥板及塑料拱罩	
翼子板内侧	
发动机护板	
轮毂及轮胎	

四、底盘清洁所需材料

底盘清洁所需材料	

任务实施考核标准与学习评价 ▶▶ ▶

汽车底盘的清洁护理任务评价表

学生姓名		开始时间		结束时间		得分		
实施步骤	工作内容	序号		考核评价要求		标准分	扣分	扣分原因
一	安全防护	1		工作中正确使用安全防护用品		10		
二	底盘损伤检查	1		检查底盘部分有无刮碰损伤		5		
		2		检查底盘表面是否有锈蚀		5		
		3		检查底盘零件是否有变形		5		
		4		检查排水口是否变形或被堵塞		5		
三	底盘清洁	1		彻底清除泥土等污垢		5		
		2		去污剂彻底去除沥青、油污		5		
		3		去除表面锈蚀		5		
		4		吹干表面，无积水		5		
四	遮护	1		正确遮护排气管、发动机、传动轴、三元催化器、镀锌板类散热部件等		5		
		2		正确遮护轮胎		5		
		3		正确遮护周边部件		5		
五	喷涂	1		第一次喷涂覆盖均匀、厚度适中		10		
		2		合理控制干燥时间		5		
		3		第二次喷涂遮盖良好、表面效果好		10		
六	安全生产	1		安全操作		4		
		2		场地清理		3		
		3		工具归位		3		

 拓展提升 ▶▶ ▶

　　轮胎是汽车的重要部件，汽车轮胎上的标识有 10 余种，正确识别这些标识和花纹对轮胎的选配、使用和维护十分重要，如图 2-4-8 所示。

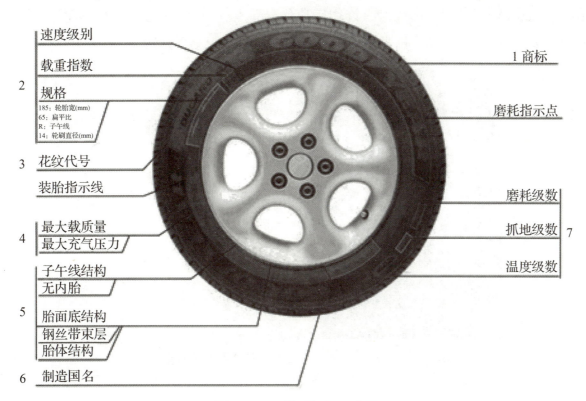

图 2-4-8 轮胎标识示意图

1. 汽车轮胎认识

（1）商标（厂家）及特性

当前常用的轮胎品牌有米其林、固特异、倍耐力、普利司通、邓禄普等。汽车轮胎商标如图 2-4-9 所示。

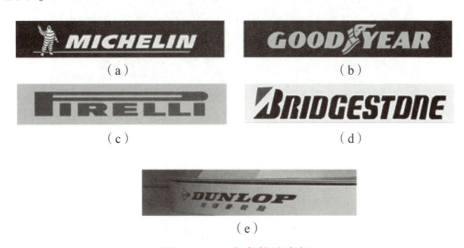

图 2-4-9 汽车轮胎商标

（2）轮胎规格、载质量、速度级别参数

国际标准的轮胎规格由六部分组成，即"轮胎宽度（mm）+轮胎断面的扁平率（%）+

轮胎类型代号+轮辋直径+负荷指数+许用车速代号"。轮胎宽度、轮辋直径及轮胎断面的扁平率如图 2-4-10 所示，其中扁平率为轮胎断面度与断面胎宽百分比。

图 2-4-10　轮胎宽度、轮辋直径及轮胎断面的扁平率

（3）最大载质量、最大充气气压

"负荷指数"是一个对应于最大载质量的数字（单位：kg），表明了轮胎在正常充气情况下能够承受的最大质量。

最大充气压力是代表这条轮胎所能承受的最大气压。如图 2-4-11 中，该款汽车轮胎的最大载质量为 475 kg，最大充气气压为 300 kPa。

图 2-4-11　汽车轮胎最大载质量及最大充气气压标记

2. 汽车轮胎选配升级

（1）轮胎的升级类型

1）品质升级。使用与原厂配套轮胎相同规格的轮胎，并换用等级更高的轮胎，以此获得更美观的胎面花纹、更好的排水性能、更小的滚动噪声，以及更好的行驶稳定性等，如图 2-4-12 所示。

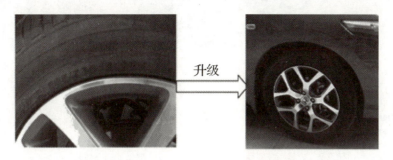

图 2-4-12　汽车轮胎品质升级

2）规格升级。在车身底盘结构允许的范围内，将轮胎进行规格上的升级，也就是将轮胎直径加大，或者将轮胎胎面加宽。既提高了轮胎的行驶稳定性，换胎后的车辆也更加时尚，又完成了品质的升级。但是，轮胎规格的升级一般要伴随着轮辋的升级，如图 2-4-13 所示。

图 2-4-13　汽车轮胎规格升级

（2）轮胎升级的有关因素

1）明确轮胎升级的目的。

2）考虑车辆的用途。普通家用轿车要考虑轮胎的耐磨性；运动型轿车要考虑胎面花纹和地区气候。

3）认识到轮胎升级可能带来的问题，将负面作用降到最低。

4）更换的车轮直径与原厂车轮直径差不超过 3%。

5）轮毂轮胎宽度匹配。轮毂轮胎宽度匹配尺寸关系见表 2-4-1。

表 2-4-1　轮毂轮胎宽度匹配尺寸关系

序号	轮辋直径	轮毂宽度	适合轮胎宽度
1	15 in①	5.5J~6.0J	175/185/195/205
2	16 in	6.5J~7.0J	195/205/215/225
3	17 in	7.0J~7.5J	205/215/225

---

① 1 in（英寸）≈2.54 cm。

课题三

汽车漆面修复美容

　　汽车在使用过程中漆面因为人为的、非人为的等众多因素而出现失光、斑点及划痕，此时为使汽车美观而进行的美容处理即为汽车漆面修复美容。另外，汽车油漆表面由于长时间未做任何漆膜保护，以及受空气中的有害气体、紫外光照射、酸雨、鸟粪等侵蚀，或汽车在高速行驶时与空气摩擦产生静电，将有害气体的分子和灰尘吸附黏结于车身油漆表面，而形成一种氧化膜，所以车身颜色变暗、不鲜艳，同时严重影响上蜡质量，此时也需要进行汽车漆面修复美容。汽车漆面出现划伤、破损及严重腐蚀失光等现象时，必须采用喷漆工艺来恢复汽车的昔日风采。本课题将从汽车漆面的美容保养、汽车漆面的修复美容、汽车漆面的喷涂修复三方面展开。

 任务一　汽车漆面的美容保养　▶　▶　▶

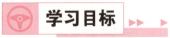 **学习目标** ▶▶ ▶

知识目标

1. 了解车蜡的成分与分类。
2. 掌握车蜡的主要作用。
3. 了解漆面抛光、研磨设备。

技能目标

1. 会正确选用车蜡对汽车漆面进行保养。

2. 会正确对车表进行抛光和打蜡操作。

3. 能正确使用汽车漆面打蜡常用工具和专用设备进行汽车漆面打蜡。

素养目标

通过完成打蜡、抛光等细致的学习任务，培养学生细致观察的工作态度，培养学生精益求精的大国工匠精神。

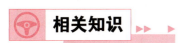

相关知识 ▶▶ ▶

光彩照人的车身表面能够体现车主的修养和风度，延长汽车漆面的寿命，这不仅需要经常洗车，还需要定期进行更深层次的漆面护理。打蜡与抛光是漆面护理的两个必不可少的步骤。因此，一直以来在汽车美容及养护行业中，车身打蜡具有不可缺少的作用。汽车漆面打蜡就是先给车身表面涂上一层保护蜡后，再将蜡抛出光泽。打蜡能够防止雨水附着在车身表面，从而避免酸雨腐蚀车漆。汽车在行驶过程中，空气中的尘埃与车身金属表面相互摩擦会产生静电，车蜡可隔断尘埃与车身金属的摩擦，不仅能有效地防止车身表面静电的产生，还能大大减少带电尘埃在车表面的附着。同时，车身打蜡对保护面漆、光亮漆层也具有很好的效果，能提高车漆表面的光亮度，使汽车看起来焕然一新。打蜡在车身表面形成的保护层可以反射光线，从而避免车漆老化。因此，汽车在使用过程中，定期进行打蜡处理是对汽车漆面非常重要的保养工作。

传统汽车打蜡以上光保护为主，随着汽车美容业的发展，车蜡的种类也越来越多，高级美容蜡的出现及推广，使汽车打蜡已被赋予新的内涵，即研磨蜡。现代车蜡已具有防氧化、抗腐蚀、填补细小划痕、抛光和增光等一系列功能。

一、车蜡的主要作用

车蜡概述

车蜡是车身表面最外层的保护，可快速清洁并去除深浅各色汽车表面的微痕、旋涡状痕渍、漆面氧化膜锈迹和顽固污渍及水斑，能快速恢复漆面色泽与质感，产生高度亮泽的完美表面。其在车表形成的蜡膜还能有效地防止产生静电、防止紫外线的照射，起到抗高温、防氧化、防水、防划伤及研磨抛光等作用。车蜡的主要功用如下。

1. 防水作用

汽车经常暴露在空气中，免不了受到风吹雨淋，当有水滴存留在车身表面时，在天气转晴，强烈阳光照射下，每个小水滴就是一个凸透镜，在它的聚焦作用下，焦点处温度达800℃~1 000℃，造成漆面暗斑，极大地影响了漆面的质量及使用寿命。车蜡能使车身漆面上的水滴附着减少60%~90%，高档车蜡还可以使残留在漆面上的水滴进一步平展，呈扁平状，最大限度地减少水滴因强烈阳光照射时的聚焦作用造成漆面暗斑、侵蚀和破坏。

2. 抗高温作用

车蜡抗高温作用是对来自不同方向的入射光产生有效反射，防止入射光线穿透清罩漆，从而延长漆面的使用寿命。

3. 防止静电作用

由于在汽车行驶过程中，空气中的尘埃与车身漆面相互摩擦会产生静电，车身漆面通过打蜡可以形成蜡膜，隔断空气及尘埃与车身漆面的摩擦，不但可有效防止车表面静电的产生，而且可大大降低带电尘埃对车表面的附着。

4. 防紫外线作用

防紫外线车蜡充分考虑了日光中的紫外线较易折射进入漆面造成对车表面的侵害，产品性能最大限度地降低了这种侵害。

5. 上光作用

上光是车蜡的基本作用之一，经过打蜡能不同程度地改善汽车漆面的光洁程度，使车身恢复亮丽本色。

6. 研磨抛光作用

当漆面出现浅划痕时，可使用研磨抛光车蜡。如果划痕不严重，则抛光和打蜡作业可一次完成。

7. 防划伤作用

车身表面打蜡后形成的蜡膜都有一定的硬度和厚度，可以防止细小的划伤。

8. 防氧化作用

打蜡后车身表面形成一层蜡膜，可以较好地防止漆面油分的损失，不容易形成氧化层。

车蜡除了具有上述作用外，还具有防酸雨、防盐雾等作用，选用时可根据需要灵活把握，使打蜡事半功倍。

二、车蜡的主要成分和分类

1. 车蜡的主要成分

车蜡的主要成分是聚乙烯乳液或硅酮类高分子化合物，并含有油脂和添加剂成分。以石油蒸馏物为主要原料的蜡，其缺点是易溶于水，不耐高温，无抗紫外线功能。车蜡以热带丛林中的棕榈树脂为主要原料，并在后期加入了特氟隆和硅氧树脂，形成了天然蜡、聚合物蜡、釉、车膜等特色蜡，具有抗紫外线性能和防水性好等优点。车蜡成分如图3-1-1所示。

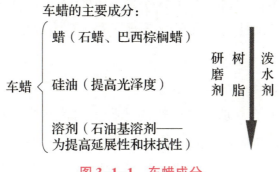

图 3-1-1　车蜡成分

2. 车蜡的种类

由于添加成分不同，车蜡物理形态和性能上有所区别，因此划分为如下种类：按物理状态的不同，车蜡可分为固体蜡和液体蜡；按功能的不同，车蜡可分为上光蜡和抛光研磨蜡；按作用的不同，车蜡可分为防水蜡、防高温蜡、防静电蜡及防紫外线蜡等多种类型。

3. 车蜡的主要品种

我国汽车美容市场车蜡品种主要有以下几种：

（1）天然棕榈蜡

这种车蜡的主要成分含有天然巴西棕榈蜡，使用后能增加车漆表面的光泽度和透明度，是汽车美容产品中的极品，适合高档豪华轿车。

（2）研磨蜡

这种车蜡的主要成分为研磨剂、地蜡、矿物油及乳化剂等，主要用于汽车漆面浅划痕处理及漆膜的磨平作业，能够清除划痕、橘纹及填平细小针孔等。

（3）硅蜡

这种车蜡的主要添加成分为硅酮类高分子化合物和润滑剂等，能够渗透、密封因氧化引起的毛细孔和裂纹等，使汽车表面凹凸处变得平滑，形成非常均匀、持久的蜡膜。

（4）特氟隆蜡

这种车蜡的主要添加成分为特氟隆的聚合物，使用后能防氧化、防酸雨和防腐蚀，效果牢固、持久，可深入漆的表层。

（5）含釉成分蜡

这种车蜡又称太空釉，内含多种聚合物，使用后能使氧化严重的车漆表面焕然一新，起到防氧化、抗腐蚀和增加光亮度的作用。

三、车蜡的选用

车蜡选用

汽车美容护理用品市场车蜡种类繁多，因为各种车蜡的性能不同，其作用与效果也不一样，所以在选用时必须慎重，选择不当不仅不能保护车体，反而会使车漆变色。一般情况下，应根据车蜡的作用、产品性能、汽车的新旧程度、车漆颜色、行驶环境及使用季节等因素综合考虑。

1. 根据车蜡的作用来选择

由于汽车的运行环境千差万别，在车蜡的选择上对汽车漆面的保护应该有所侧重。例如，沿海地区宜选用防盐雾功能较强的车蜡，而化学工业区宜选用防酸雨功能较强的车蜡，多雨地区宜选用防水性能优良的车蜡，光照好的地区宜选用防紫外线和抗高温性能优良的车蜡。

2. 根据漆面的质量来选择

对于中高档轿车，其漆面的质量较好，宜选用高档车蜡；对普通轿车或其他车辆，可选用一般车蜡。

3. 根据漆面的新旧程度来选择

新车或新喷漆的汽车应选用上光蜡，以保持车身的光泽和颜色；旧车或漆面有漫射光痕的汽车，可选用研磨蜡对其进行抛光处理后，再用上光蜡上光。

4. 根据不同季节来选择

夏季一般光照较强，宜选用防高温和防紫外线能力强的车蜡。

5. 根据汽车行驶环境来选择

如果汽车经常行驶在泥泞、尘土和砾石等恶劣道路环境中，应选用保护功能较强的硅酮树脂蜡。

6. 根据车漆颜色来选择

选用车蜡时，必须考虑与车漆颜色相适应，一般深色车漆选用黑色、红色、绿色系列的车蜡，浅色车漆选用银色、白色和珍珠色系列车蜡。

四、一般保护蜡与高级美容蜡的区别

一般保护蜡是由蜡、硅和油脂等成分混合而成的，属于油性物质，它可在漆面形成一层油膜而散发光泽。但由于油膜与漆面的结合力差，保护时间较短，这种蜡常因下雨或冲洗等原因流失，有时甚至附着在风窗玻璃上而形成油垢。另外，存留在车蜡上的水滴一般呈半球状，会产生透镜作用，聚焦太阳光以致灼伤漆面。

高级美容蜡含有特殊材料成分，不论用水冲洗多少次，一般不会流失，也不用担心光泽在较短时间内失去；施工后车蜡表面水滴呈扁平状，透镜作用不明显，有效地保护了漆面。高级美容蜡外观效果非常好，但价格有些高，特别是水晶蜡和钻石蜡等。因为这类车蜡除了具有一般保护蜡功能外，还含有一种活性非常强的渗透剂，能使车蜡迅速渗透到漆

层内，它特殊的分子结构可以与漆面之间产生牢固的结合力，上蜡后的漆面看起来浑然一体，效果颇佳。高级美容蜡一般要经过许多道复杂的前处理工序，即使是新车上水晶蜡，也要经过清洗、风干和蓝黏土处理等多道工序，因此技术含量高，效果一流，持久耐用。

 任务实施 ▶▶ ▶

一、汽车漆面打蜡设备与工具

1. 打蜡设备

打蜡设备主要是指打蜡机（图3-1-2），打蜡机工作时以椭圆形旋转，类似卫星绕地球的旋转轨道，故又称轨道打蜡机。

轨道打蜡机型号很多，样式不一，大致可分为普通轨道打蜡机和离心式轨道打蜡机。普通轨道打蜡机由于转盘较小、使用材料较差、扶把位置不容易平衡等缺点，一般在非专业汽车美容场所使用。离心式轨道打蜡机的动作是靠一种离心式的、无规律的轨道旋转来完成的，这种旋转方式模拟人手工操作，但比手工操作要快得多，省事得多，是专业汽车美容人员常用的机型。

打蜡机是汽车美容护理设备最基本、最常用的设备，主要以电为动力，使用简单。当车漆表面出现微划痕、中划痕或水渍时，可根据情况选择合适的蜡配合打蜡机

图3-1-2 打蜡机

进行修复。打蜡机像打磨机一样，可调整转速。通常要求汽车车漆表面打蜡时，先低转速打磨，且不要只固定在一个位置，要来回打磨，每过2~3 min，用手轻触打磨部位，感受一下是否发烫，如发烫应洒点水，再继续打磨。

2. 打蜡工具

1）盘套主要包括打蜡盘套和抛蜡盘套。

①打蜡盘套，用于把蜡涂在车体上。其结构为外层是毛巾套，底层是皮革，皮革起防渗作用。

②抛蜡盘套，用于将蜡抛出光泽。其材料有3种：一是全棉制品；二是全毛或混纺制品；三是海绵制品。

目前使用最广泛的是全棉盘套，使用该盘套时应选择针织密集而且线绒较高、有柔和感的制品，越柔和就越减少发丝划痕，越能把蜡的光泽和深度抛出来。全棉盘套不宜反复使用，很多专业人员一辆车要换一个新的盘套。即使不换新的，也一定要清洗旧盘套，清洗时

要使用柔和剂，否则晒干后盘套发硬。最好是用防静电方式进行烘干。

2）纸胶带主要用来对车身饰条、车窗防雨密封条等橡胶、塑料制品进行遮盖。

3）毛巾要选用纯棉且不掉毛的，主要用于车身表面的手工清洗或擦拭。

4）用打蜡机打蜡之前蘸适量车蜡在车身表面，用打蜡海绵，以画小圆圈旋转的方式均匀涂于车身表面。

二、车身表面抛光

抛光的目的是增加车身漆面的光泽度。车身表面的抛光是通过静电、摩擦和抛光的作用原理来消除车身漆面的氧化层，从而改善车身的漆面缺陷。进行车身漆面抛光处理时，首先要正确判断漆面的氧化程度和硬度，然后针对不同的车漆和氧化程度，采用不同的抛光剂和抛光方法。

1. 判断车身漆面是否需要抛光处理

（1）观察法

从车身的不同角度观察车身漆面的亮度，通过眼睛感觉光线的柔和度、反射景物的清晰度等来判断。如果景物暗淡、轮廓模糊，则需要进行抛光处理。

（2）触摸法

用手套上一层塑料薄膜纸来触摸漆面，当感到发涩或有凹凸不平的感觉时，就必须进行抛光处理。

2. 抛光操作

抛光时，首先安装好抛光盘，调好抛光机的转速，然后将抛光机的抛光盘用水充分润湿后，甩去多余的水分，最后在车漆表面抹上抛光剂即可进行抛光了。抛光机的转速调整可利用局部的测试法来判别。先在车身平整处选取小面积抹上抛光剂进行手工抛光试验，然后根据抛光布上沾染的漆色来调整。如果抛光布上没有漆色，则可以选取较高的转速来进行，否则就应选择较低的转速来进行，甚至考虑采用手工抛光。抛光时应小范围进行，而不可大范围工作，从车顶棚开始抛光，按照一定的次序进行，切不可随意乱抛。

1）海绵抛光盘浸湿，安装在研磨机上，空转 5 s，将多余水分甩净。

2）把研磨剂摇匀，倒在海绵抛光盘上少许，用抛光盘在漆面上涂抹均匀。

3）调整研磨机转速到 1 800～2 200 r/min，启动研磨抛光机，沿车身方向直线来回移动，抛光盘经过的长条轨迹之间相互覆盖 1/3，不漏大面积漆。

4）在抛光时应不断保持抛光盘和漆面处于常温状态，在漆面温度升幅超过 20℃ 时对研磨的漆面喷水降温。

5）对于车身边角不宜使用研磨抛光机的位置，采用手工方法抛光，用干毛巾蘸抛光剂抛光。把整个车身有漆面的地方全部做完，包括喷漆的保险杠，注意此处温度不宜过高。注意，边角、棱角，不要用力抛，因为这些地方漆膜较薄。

6）漆面抛光后，用纯棉毛巾将整车清洁干净。

抛光部位顺序：按右车顶—右前发动机舱盖—左前发动机舱盖—右前翼子板—右前车门—右后车门—右后翼子板—行李箱盖的顺序研磨右半车身，按相反顺序研磨左半车身。做车顶时可打开车门，在门边垫毛巾，踩在门边上操作。

操作要点：要控制抛光盘的转速和湿度，注意漆面的温度和边角棱角。

质量标准：漆面色泽一致；和抛光前相比，亮度有明显改善，接近于新车；出现自然光泽，用报纸在漆面上看，倒影清晰。

注意，控制抛光机的转速，不可超过选定速度的范围；保持抛光方向的一致性，应有一定的次序；要换抛光剂的同时更换抛光盘，不可混用抛光盘。

车身打蜡

三、车身打蜡

打蜡有手工打蜡和打蜡机打蜡两种方式。手工打蜡简单易行而且便于掌握均匀度，不会出现一圈圈的痕迹，但耗时较长；打蜡机打蜡时间短、效率高，可快速将车蜡在车身上打匀，但对操作技术要求很高，若操作不当，车身表面易出现圈痕。无论是手工打蜡还是打蜡机打蜡，都要按一定的顺序进行，要保证车身漆面涂抹得均匀一致。上蜡时每次不要涂得太厚，上太多的蜡不但会使成本增加，而且会增加抛光的工作量，还容易粘上灰尘，使抛光摩擦时产生划痕。

1. 手工打蜡流程

（1）清洗

用专用清洗剂清洗车身，彻底去除车身表面的油污、沥青、鸟粪等污垢，待车身完全干燥后上蜡。

（2）上蜡

应将适量车蜡涂在海绵块上，涂抹时手感力度一定要掌握好，可将手指摊开，用大拇指和小拇指夹住海绵，其余3个手指及手掌按住海绵均匀涂抹，如图3-1-3所示。然后在车身表面以画小圆圈的方式做直线往复或按螺旋线的方式进行均匀涂蜡，圆圈大小以圆内无遗漏漆面为准，每圈盖前一圈1/3。不可将蜡液倒在车身上乱涂。一

图3-1-3　手工打蜡

次作业要连续完成，不可涂涂停停。上蜡时每次涂抹的面积不要过大，整个车身可分块进行，尽量做到薄而均匀。

（3）抛蜡

车蜡在车身上涂抹 5~10 min 后，蜡会渗透于漆面内，这时，如果车蜡在车漆表面开始发白，用手臂触摸一下后手臂上有白色粉末并且抹过的漆面会产生光亮，说明蜡已干燥。此时便可以开始抛蜡，方法为手掌放平，垫上无纺棉布或麂皮，掌心微用力，适当用力挤压。反复沿直线方向均匀擦拭，将蜡层擦得如镜般光滑，使汽车漆面看起来明亮。直到整个车表没有残蜡，从侧面观察漆面光泽一致时，抛蜡就完成了。

（4）清理

打蜡作业完成后，在车灯、车牌、车门和行李箱等处的缝隙中会残留一些车蜡，使车身显得很不美观。这些地方的蜡垢若不及时擦干净，还可能产生锈蚀。因此，打蜡完成后一定要将蜡垢彻底清除干净，这样才能得到完美的打蜡效果。

2. 打蜡机打蜡施工的流程

（1）清洗

打蜡机打蜡与手工打蜡流程一样，都需要先对车身进行彻底的清洁。

（2）遮盖橡塑件

为了防止打蜡过程中将车蜡蹭到车身以外的其他部件上，应该将车身饰条、车窗、防雨密封条等橡胶、塑料制品用纸胶带遮盖。

（3）准备打蜡机

将清洁干净的盘套装在打蜡机上，然后接通电源。

（4）上蜡

在海绵抛光盘上均匀涂一层薄薄的液态蜡，然后将打蜡机平放在车身表面，按下操作开关便开始上蜡，每次按 0.5 m² 的面积涂匀，直至打完全车。注意，使用打蜡机打蜡时，操作人员不可用力过大，以免损伤原漆。

（5）抛蜡

上蜡后晾干 10 min 左右，将打蜡机上的海绵抛光盘取下，换上抛蜡盘，按照抛蜡路线（图 3-1-4）均匀打蜡抛光。

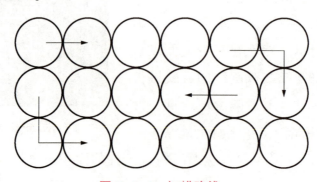

图 3-1-4 打蜡路线

（6）补缺

打蜡机难以接近车身的有些部位，所以用打蜡机打蜡后，还应通过手工进行局部打蜡。

（7）清理

打蜡作业完成后，应清除车灯、车牌、车门和行李箱等缝隙处的残留车蜡，这些车蜡如不及时清除，不仅影响车身美观，还可能产生锈蚀。因此，应仔细检查，彻底清除干净。最后拆除橡塑件遮盖纸。

四、打蜡注意事项

1. 打蜡频率

根据汽车使用环境及车蜡的品质确定打蜡频率，汽车使用环境较好，且有车库停放，一般每隔3~4个月打一次蜡；使用环境较差，且汽车露天停放，最好每隔2~3个月打一次蜡。另外，使用车蜡的品质好，打蜡后保持时间长，打蜡间隔也可适当延长。当然，这并非硬性规定，一般用手触摸车身感觉不光滑或光泽较差时，就可再次进行打蜡。

2. 打蜡环境

车蜡中起主要保护作用的是严密的电硅分子结构，在阳光下或车身温度过高时，电硅分子键会分解，使车蜡保护作用遭到破坏。所以，切不可在阳光直射下或车身温度过高时打蜡，如果在此时打蜡，车身表面看似光亮，但一经雨淋或洗车，车身便会失去应有的光泽。

3. 其他注意事项

上蜡时要特别注意不要将车蜡涂抹到门边塑料装饰条、前后塑料保险杠及车体其他塑料件上，上蜡后应等待5~10 min再将蜡抛出光泽。

五、竣工检查

打蜡作业完成后，蜡层应该如镜般光滑，漆面看起来明亮。从侧面观察漆面要求光泽一致；打完蜡后车灯、车牌、车门和行李箱等处的缝隙中车蜡清除干净。

 任务实施记录工单

汽车漆面打蜡护理

一、车辆信息记录

品牌		整车型号		生产日期	
发动机型号		发动机排量		行驶里程	
车辆识别码					

二、使用设施设备情况

序号	设施设备名称	品牌	数量	使用项目
1				
2				

三、技能操作

考核项目	所需工具	实操内容
对指定板件（或区域）进行清洁		
对指定板件（或区域）进行打蜡		
清理缝隙内残余的蜡		
进行擦蜡和提光		

任务实施考核标准与学习评价 ▶▶ ▶

汽车漆面打蜡护理任务评价表

学生姓名		开始时间		结束时间		得分		
实施步骤	工作内容	序号	考核评价要求			标准分	扣分	扣分原因
一	安全防护	1	工作中正确使用安全防护用品			5		
二	车身表面抛光	1	正确判断车身漆面是否需要抛光处理			5		
		2	正确安装抛光盘，调整抛光机转速			5		
		3	研磨剂涂抹适量			5		
		4	使用抛光机对车身漆面进行抛光			15		
		5	手工抛光车身边角部位			10		
三	车身打蜡	1	擦拭清洁车身表面			5		
		2	上蜡涂抹均匀			15		
		3	合理控制车蜡干燥时间			5		
		4	抛蜡后漆面光泽一致，表面没有残蜡			15		
		5	蜡垢清除干净无残留			5		
四	安全生产	1	安全操作			4		
		2	场地清理			3		
		3	工具归位			3		

打蜡只是一种传统、经济的汽车漆面保养方法，为了能更好地抑制外界有害成分对车漆的氧化，抗紫外线，还有封釉、镀膜等漆面保养方法。封釉除了具有蜡的功效外，还能提高车漆强度，防止风沙敲打在车身上时造成的细小划痕，并且保持时间相对较长，可以达1个月左右。汽车镀膜美容则可以在车身上形成一个透明保护膜，其保护能力高于打蜡和封釉，保持时间一般在18～20个月，但是一般价位都较高。

一、漆面封釉

封釉是将高分子釉依靠振抛技术和摩擦振入漆面的毛孔中，形成一种特殊的网状保护膜附在车漆的表面，从而提高原车漆面的硬度、光泽度，使车漆能更好地抵挡外界环境的侵袭，有效减少划痕，达到保护漆面的目的。

1. 作用

封釉后的车身漆面能够达到甚至超过原车漆效果，不仅使旧车更新、新车更亮，同时具备抗高温、密封、抗氧化、增光、耐水洗、抗腐蚀等特点，还为以后的汽车美容、烤漆、翻新奠定了基础。封釉是打蜡的替代品，而普通车蜡只是在表面附着，保护膜很薄，耐磨度较低。一般封釉之后半年之内可不用再打蜡。

新车购置后马上封釉，可以留住车漆的艳丽、光彩永驻；旧车进行封釉保养可以使氧化褪色的车漆还原增艳，颇有翻新的效果。车展上的展车大多经过了封釉处理，因此看起来晶莹剔透、光彩照人。

2. 适用范围

封釉适合任何车漆使用，让陈旧的漆面旧貌换新颜。

3. 封釉周期

封釉的频率与汽车使用率和空气环境、洗车次数有直接的关系。一般汽车封釉后，养护良好的一年左右才需要封第二次。

二、汽车漆面镀膜

汽车漆面镀膜是在传统抛光工艺的基础上，使用专用喷枪，将镀膜产品均匀地喷涂在车漆表面，然后用专用海绵进行画圈涂抹，以此来保护汽车漆面的一种美容保养方法。

1. 汽车镀膜的作用

（1）防漆面氧化、老化

汽车镀膜具有防止漆面氧化、老化的作用，将车漆与空气完全隔绝，能有效防止外界因素导致的车漆氧化、变色等。

（2）能够有效地抗紫外线

电离子镀膜在车漆表面形成一层致密的正负离子膜，能有效反射阳光及紫外线，防止紫外线对车漆的灼伤，防止老化及永不变色效果。

（3）耐腐蚀

致密的正负电离子膜具有超强抗腐蚀性，镀膜能有效防止酸雨等腐蚀性物质对车漆造成的损害，同时防止车漆的褪色，效果如图3-1-5所示。

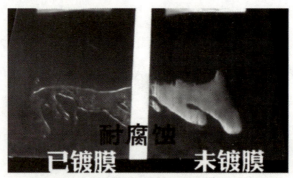

彻底隔绝车漆与外界接触，酸碱腐蚀也不怕

图3-1-5　防腐蚀效果

（4）耐高温

电离子膜本身具有耐高温的特质，能有效反射阳光，从而将外部的热辐射进行反射，防止高温对车漆的伤害。

（5）防划痕

电离子膜可以将车体表面的硬度提高到7H，远高于车蜡或釉2~4H的硬度，能更好地保护车漆不受沙砾的伤害，可以说是起到了护车铠甲的作用，效果如图3-1-6所示。

钻石般9H超高硬度膜层，防止产生新的划痕

图3-1-6　提高漆面硬度效果

2. 镀膜的特点

镀膜也是在车表面形成一层蜡质保护层。它的特性在于在车漆表面形成保护层，隔绝外界物质对面漆的损害。其方法为用镀膜机将带有负离子的液态蜡均匀地喷涂到车漆上，由于液态蜡带有静电，所以会自动吸附到车漆上。这种镀膜机进行的电子镀膜与通常的手工打蜡相比，蜡层与车漆的结合更紧密，持续时间比通常的打蜡时间要长。它的保用时间为18～20个月，一般车身的硬度是2～3H，做了镀膜以后可以达到9H的硬度，可以形成较厚的保护层。镀膜的材料本身是一种无机物，对车漆没有损害。但是，镀膜美容一般价位较高。

3. 镀膜材料的种类

1）玻璃纤维素镀膜：光泽度高，抗氧化，耐酸碱，抗紫外线。

2）无机纳米镀膜：膜层的硬度、耐磨性极高，而且本身非常稳定，永不氧化。

3）镀晶：硬度更高。能在车漆形成坚固的保护层，令车漆不易被划伤。

四、封釉和镀膜的比较

封釉与镀膜的相同之处在于，都需要抛光，工序相似，都可以保护车漆。

从原理上分析，生产工艺不同，施工方法也不同，但除了比较新的车漆之外，不管是汽车镀膜还是汽车封釉，都要经过研磨或抛光工序处理才能达到最佳的效果，所以鉴于汽车镀膜产品和汽车封釉产品在本质上的相通性，常把它们并列在一起统称为汽车封釉镀膜。汽车镀膜产品其实与汽车封釉产品在材料上基本相同，只是表现形式有所区别，封釉多是一种以乳状为载体的表现物，而汽车镀膜大多情况下是以水剂为载体的表现物，釉和膜都需要结晶过程。

 ## 任务二　汽车漆面的修复美容

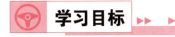 学习目标

知识目标

1. 掌握汽车漆面斑点与失光治理的方法及工艺过程。

2. 理解汽车漆面斑点与失光形成的原因。

3. 了解汽车漆面斑点与失光处理的设备、工具。

技能目标

1. 能够正确鉴定汽车漆面失光及斑点程度和产生原因。

2. 能够正确使用设备及工具。

3. 能够进行漆面失光及斑点处理作业。

素养目标

通过对汽车漆面斑点及失光现象成因的分析探究，养成工作中孜孜不倦探寻真因的工作作风。

  相关知识

汽车油漆表面由于长时间未做任何漆膜保护，以及受空气中的有害气体、紫外光照射、酸雨、鸟粪等侵蚀会出现斑点；汽车在高速行驶时与空气摩擦产生静电，将有害气体的分子和灰尘吸附黏结于车身油漆表面，而形成一种氧化膜，使车身颜色变暗、不鲜艳，失去原有的光泽，同时严重影响上蜡质量。为了达到漆面的耐久性及美观等，需要找到汽车漆面斑点及失光现象形成的原因，并合理使用一定的工具设备以及材料对汽车漆面斑点与失光现象进行修复美容处理。

一、漆面斑点及失光的成因

强氧化性物质与车漆相互作用，在漆面形成氧化层，造成漆面失光；或者是漆面遭受一定损伤后（一般是保养不当所致），变得凹凸不平，产生光线漫射，从而使漆面视觉效果恶化。出现上述现象的原因可分为以下几个方面：

漆面斑点与失光成因及处理方法

1. 日常保养不当

（1）洗车不当

洗车时频繁选用碱性较强的清洗剂，漆面易出现失光。

（2）日常打蜡保护不当

日常保护中不打蜡或不及时打蜡，使漆面受到紫外线、酸雨等不应有的侵蚀，容易出现失光。

（3）暴露环境恶劣

1）汽车行驶环境中存在酸雨和盐雾及其他化学微粒，会对漆面造成一定的腐蚀。

2）汽车停放环境。汽车有 80% 左右的时间处于停车状态，在无库房情况下，沿海区域易受盐雾侵蚀；化学工业区易受到化学气体及酸雨侵蚀；北方冬季易受寒冷风雪的侵蚀，造成漆面斑点或失光。

（4）交通膜

汽车在运行中形成交通膜，造成漆面失光。

2. 透镜效应

透镜效应是指当车表漆面上存在小水滴时，由于水滴呈扁平凸透镜状，对日光有聚焦作用，在阳光的照射下，焦点处的温度高达 800℃～1 000℃，从而导致漆面被灼蚀，出现用肉眼看不见的小孔洞，有些深达金属基材，这一现象在汽车美容行业中常被称为透镜效应。由于透镜效应，漆面被灼伤，若灼伤范围较大，分布密度较高，漆面就会出现严重的失光。因此，在汽车使用中应注意：一是炎热天气用冷水给车表降温时，要擦净漆面残存水滴；二是在雨过天晴、阳光灿烂时将车表雨滴擦净。

3. 自然老化

汽车在运行及存放时，即使各方面保护工作都很细致，漆面暴露在风吹、日晒及雨雾环境中，久而久之，也会出现自然氧化、老化现象，从而呈现漆面失光。

4. 外界因素造成的斑点

由于多种原因造成的油漆表面物理侵袭或褪色，形成各种颜色和尺寸的斑点，如图 3-2-1 所示及见表 3-2-1。

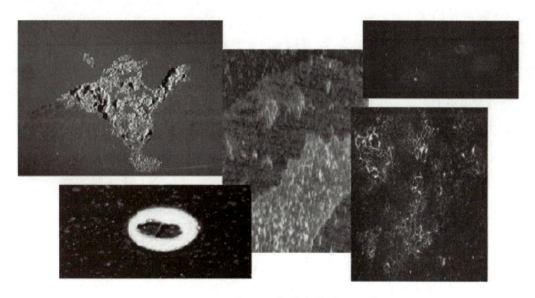

图 3-2-1　外界因素造成的漆面斑点

表 3-2-1　漆面斑点成因及外观

序号	成因	外观
1	柏油	脏，棕色或黑色斑点
2	工业废气（如 SO_2）	大面积或斑点状区域变哑光
3	酸雨	短期内看不见，但是将会失光

续表

序号	成因	外观
4	酸（电池）	通常会损坏整个漆膜结构直至裸金属
5	树液	细丝状或水滴状，有时是清澈的，有时呈褐黄色痕迹，伴有膨胀
6	昆虫	油漆表面能看到昆虫身体的印迹
7	昆虫分泌物	如蜜蜂的粪便，长的黄褐色印迹；蚜虫的排泄物，圆形环状印迹
8	鸟类排泄物	外观随鸟的不同类型、气候条件及被污染的持续时间而不同

二、漆面斑点及失光的处理方法

1. 确定漆面失光的原因

（1）自然氧化导致的失光

漆面无明显划痕，用放大镜观察漆面斑点较小，原因大多是发生氧化还原反应。

（2）浅划痕导致的失光

漆面分布较多的浅划痕，特别是在光线较好的环境中，如在阳光的照射下十分明显，导致漆面光泽受到严重影响。

（3）透镜效应引起的失光

用放大镜仔细观察漆面，若发现漆面有较多斑点，则说明漆面受透镜效应侵蚀严重，光泽受到不同程度的影响。

2. 漆面斑点及失光处理工艺程序及方法

（1）自然氧化不严重或浅划痕导致的失光

自然氧化不严重或浅划痕导致的失光通常可采用抛光研磨的方法进行处理。

（2）自然氧化严重或透镜效应严重引起的失光

自然氧化严重或透镜效应严重引起的失光必须进行重新涂装的翻新施工。

在本部分只介绍可以通过抛光解决的汽车漆面斑点及失光现象，重新涂装的翻新施工会在汽车漆面的喷涂修复任务中学习。

三、漆面斑点及失光处理的设备、工具和材料

漆面斑点及失光
处理的设备、
工具和材料

1. 砂纸

抛光之前采用 1 500 ~ 3 000 号砂纸，并配合使用橡胶磨块或水磨垫块，如图 3-2-2 所示。

（a）　　　　　　　　　　　　　（b）

图 3-2-2　抛光前用砂纸

（a）砂纸；（b）海绵垫块

2. 抛光机

抛光机（图 3-2-3）有电动型和气动型，安装抛光垫使用，目前广泛使用的是电动抛光机。

3. 抛光垫

抛光垫（图 3-2-4）配合抛光蜡安装在抛光机上使用，有海绵垫和羊毛垫之分。

图 3-2-3　抛光机

图 3-2-4　抛光垫

4. 打蜡机

打蜡机是把车蜡打在漆面上，并将其抛出光泽的设备，如图 3-2-5 所示。打蜡机具有质量小、做工细、转盘面积大、操作便利等特点。其转盘直径有 203.2 mm（8 in）、254 mm（10 in）和 304.8 mm（12 in）这 3 种。

5. 抛光垫清洗机

抛光垫清洗机用于清洗羊毛垫上的抛光剂，如图 3-2-6 所示。

6. 法兰绒布

法兰绒布是一种柔软的布，用于手工抛光区域，因为太窄而不能使用抛光机的情况，如图 3-2-7 所示。

图 3-2-5　打蜡机实物图

图 3-2-6　抛光垫清洗机

图 3-2-7　法兰绒布

7. 材料准备

（1）研磨剂

研磨剂可以分为两大类，分别是普通漆研磨剂和透明漆研磨剂。

1）普通漆研磨剂。普通漆研磨剂指透明漆出现前所生产的研磨剂。一般研磨剂中含有坚固的浮岩作为摩擦材料。浮岩颗粒的主要特点是坚硬、研磨速度快。但因为这些颗粒不会在研磨中产生质变，故用于透明漆时就会将透明漆涂膜打掉，因此不适用于透明漆的研磨。

2）透明漆研磨剂。透明漆研磨剂中的摩擦材料有了很大的革新，以合成磨料或陶土代替了浮岩，它的切割功能依旧存在，但不像浮岩那样坚硬了。在一定的热量下，摩擦材料可通过化学反应变小或变无。

研磨剂都是按其摩擦材料颗粒的大小来决定其研磨功能的，没有任何一种单一的研磨剂能适用于所有情况。因为在治理大划痕的同时，研磨剂又在造成小划痕，治理小划痕则需要更细的研磨材料。

（2）抛光剂

抛光剂的基本成分多为硅蜡或硝基氨，此外其中还含有研磨剂（碳化硅）、去污剂、光亮剂和还原剂等。

抛光剂是混在溶剂或水中的摩擦粒子，其用处因其所含粒子大小的不同而异。抛光剂的组分和用途见表 3-2-2。

表 3-2-2　抛光剂的组分和用途

	组分	用途
抛光剂	摩擦粒子	用于抛光涂装表面
	溶剂和水	促进抛光
	添加剂	有的用于增加光泽，有的用于防止成分改变

（3）还原剂

还原剂又称密封剂，它能在蜡和漆中间起绝缘作用，以确保打蜡后的保质期，能避免涂膜被空气中的污染物侵蚀。

还原剂以"消除最后的划痕，把涂膜还原到新车"为主，所谓还原，就是打蜡前的最后一道完善工序，可以使研磨抛光等工作成果再上一个台阶。

还原剂中有的产品被称为增光剂。增光剂以"亮"为主，集抛光与打蜡于一体的二合一产品，是含蜡（或上光剂）的抛光剂。增光剂与抛光剂的唯一区别在于增光剂含蜡（或上光剂）而抛光剂不含。

 任务实施

一、清洗车身

用超细纤维擦拭布将板件表面擦拭干净，防止有灰尘颗粒划伤漆面。选用电动细磨机或气动细磨机配合专用超软接垫和超软尼龙细砂网 S1200，用中低速将氧化膜除掉。车身表面清洗后要达到车身清洗的要求，漆面整洁无污物，如图 3-2-8 所示。

图 3-2-8 清洗车身

二、漆面抛光

车身漆面抛光

1. 调整抛光机转速

将粗海绵球安装到抛光机上，双手握住抛光机，调整转速至中速（1 500 r/min 左右）。为保证安全，建议操作抛光机时将电源线背在肩上，以防抛光盘卷到电源线。

2. 粗抛漆面

用抛光机和粗海绵球配水溶性抛光粗蜡，将抛光蜡涂于海绵球表面用中速 1 600 r/min 扩散研磨一遍，以调整漆膜纹理。抛光时要注意将海绵盘平放于漆面再启动抛光机，抛光机在漆面上有规律地来回平行移动抛光，如图 3-2-9 所示，一次抛光面积不宜过大，长、宽均约为 50 cm 为宜。为降低抛光时产生的热量，可以用喷壶在漆面上喷洒少量清

图 3-2-9 粗抛漆面

水。本步骤主要为去除之前的研磨痕迹，注意不要抛穿清漆涂层。

抛光时的技术要点如下：

1）移动速度要均匀。

2）建议抛光轨迹重叠 1/4~1/2。

3）可采用"#"字形操作方式。

4）根据板件情况抛光角度可略微倾斜。

粗抛后划痕去掉，有较明显抛光痕迹。

3. 细抛漆面

将水溶性抛光细蜡加少许水粉均匀涂抹在需抛光部位，改用羊毛球，抛光机转速调至高速 1 900~2 200 r/min，将砂纸纹抛掉，如图 3-2-10 所示。在抛光操作的同时，借助照明光源观察砂纸纹是否去除，扩大抛光面积，按照粗抛光同样的方法均匀移动，直至漆面达到镜面效果。

图 3-2-10　细抛漆面

对于深色漆面，如还能看到细抛光剂抛光后的轻微痕迹，可以继续使用更细的抛光剂和抛光盘进精细抛光。

三、上光封闭保护

1. 抛光后清洁

使用干净的超细纤维擦拭布擦净漆面，确定漆面外观亮度及丰满度。

2. 上光封闭保护

用水溶性漆膜上光保护蜡和费斯托细海绵球将蜡均匀涂在车身表面，10 min 后用洁净的羊毛球抛光，如图 3-2-11 所示，漆面光亮并披上一层保护膜。

四、竣工检查

用目视的方法检查漆面的抛光修复质量。

1）板件表面及边缘擦拭清洁彻底，没有未除去的抛光残留物。

图 3-2-11　上光封闭保护

2）从多个角度观察判定，没有抛光螺旋纹遗留。

3）没有抛穿清漆涂层。

 任务实施记录工单

汽车漆面抛光

一、车辆信息记录

品牌		整车型号		生产日期	
发动机型号		发动机排量		行驶里程	
车辆识别码					

二、使用设施设备情况

序号	设施设备名称	品牌	数量	使用项目
1				
2				

三、技能操作

考核项目	所需工具	实操内容
对指定板件（或区域）进行清洁		
对指定板件（或区域）进行抛光		
对指定板件（或区域）进行擦蜡和提光		
绘制抛光线路		

🚗 任务实施考核标准与学习评价 ▶▶ ▶

汽车漆面的修复美容任务评价表

学生姓名		开始时间		结束时间		得分		
实施步骤	工作内容	序号		考核评价要求		标准分	扣分	扣分原因
一	安全防护	1		工作中正确使用安全防护用品		10		
二	清洗车身	1		擦拭表面无灰尘颗粒		5		
		2		采用正确方法打磨去除氧化膜		10		
		3		漆面清洁彻底		5		
三	漆面抛光	1		正确安装抛光盘、调整抛光机转速		10		
		2		粗抛漆面方法正确		15		
		3		细抛漆面方法正确		15		
四	上光封闭保护	1		选用正确的擦拭布		5		
		2		漆面擦拭干净，表面合格		5		
		3		均匀施涂上光保护蜡		10		
五	安全生产	1		安全操作		4		
		2		场地清理		3		
		3		工具归位		3		

拓展提升

汽车车身保险杠、装饰条等多部位使用塑料件，而塑料件漆面在施工或使用过程中易出现成片脱落、开裂、针孔等问题，需要找到形成的原因，并合理使用一定的工具设备及材料对汽车车身塑料件漆面易出现问题进行防治。

在汽车车身塑料件部分，漆面在使用过程中容易出现如下问题：整个漆层结构从塑料底材上成片脱落、裂纹、针孔。

一、塑料件漆面成片脱落

1. 定义

整个的漆膜很容易从塑料底材上剥落，如图 3-2-12 所示。

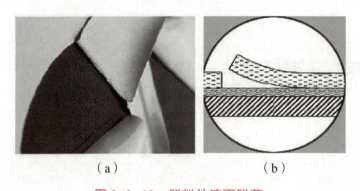

（a）　　　　　　　　　　（b）

图 3-2-12　塑料件漆面脱落

（a）漆面脱落；（b）漆面脱落剖面

2. 成因

1）塑料底材上的清洁不充分。

2）塑料底材上的打磨不充分。

3）使用了不适当的清洁剂或除油剂，或使用方法不当。

4）某些特殊塑料部件在喷涂前未被加温。

5）未使用塑料附着力增强底漆或双组分塑料中涂漆。

3. 防范方法

1）清除脱模剂。使用中性的洗涤剂彻底清除部件上所有水溶性的脱膜剂。用塑料件清洁剂彻底清除表面溶剂型的脱膜剂。当塑料件较脏或有纹理，则用菜瓜布配合进行清洁，在打磨前和打磨后都要清洁表面。

2）打磨表面。使用推荐的打磨材料型号。不规则造型部件可用菜瓜布打磨（如散热器外罩壳、保险杠等）。

3）清洁。用塑料件清洁剂清洁塑料件。

4）加热。"加温"意为加热塑料件，用热胀冷缩的原理使脱膜剂脱离出来。

5）修补。按修补系统，使用单组分塑料底漆或双组分塑料中涂底漆于塑料件表面上。

4. 修补

完全清除涂层，按照修补流程施工。不要使用脱漆剂，否则会损伤化学合成的塑料件。

二、塑料件漆面开裂

1. 定义

在受到机械力作用后出现破裂或裂纹，情况严重时甚至塑料件本身也会出现裂纹。这个问题通常发生于柔软有韧性的塑料件（如 PUR 后扰流器），如图 3-2-13 所示。

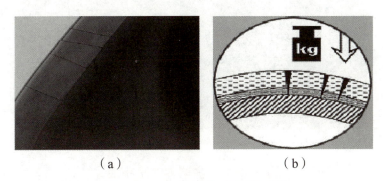

（a）　　　　　　　　　　　　　（b）

图 3-2-13　塑料件漆面的开裂

（a）塑料件漆面的开裂；（b）塑料件漆面的开裂剖面

2. 成因

1）柔软添加剂添加量不足或应用不正确。

2）整体涂膜太厚。

3. 防范方法

1）柔软添加剂的添加量取决于需要的柔软程度，该塑料件是较硬的还是较软的（有韧性的）。柔软的塑料（如海绵状塑料）通常是 PUR 泡沫（如后导流板），能用拇指按压出印迹。原则上中涂漆、纯色双组分面漆或清漆必须添加柔软添加剂，双工序系统的底色漆无须添加柔软添加剂。

2）较硬的塑料在添加固化剂前，以 4∶1 的比例添加柔软添加剂；柔软的塑料在添加固化剂前，以 2∶1 的比例添加柔软添加剂。

4. 注意事项

1）按照推荐的比例先添加柔软添加剂，然后加入固化剂。

2）遵循所推荐膜厚。

5. 修补

尽可能用机械方法清除缺陷漆层（否则不能修补），并按照修补系统流程施工。不要使用脱漆剂，否则会损伤化学合成的塑料件。

三、塑料件针孔

1. 定义

塑料件针孔即塑料件中的毛孔和气泡形成的针孔。这个问题通常出现在柔软的塑料件（如 PUR 后扰流板和 GRP 玻璃纤维件）上，如图 3-2-14 所示。

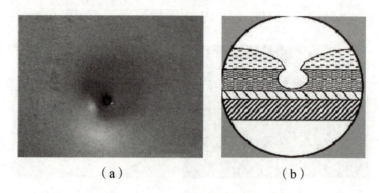

（a） （b）

图 3-2-14 塑料件漆面针孔

（a）塑料件漆面针孔；（b）塑料件漆面针孔剖面

2. 成因

塑料件生产时已存在的膨胀缺陷或泡沫孔。

3. 防范

在施工前先彻底检查塑料件表面是否有小孔，然后用塑料件腻子填补。

4. 修补

磨损缺陷处，用塑料件腻子填补小孔，并按正确工艺重喷。

5. 注意事项

塑料件如有太多的气孔，将难以喷涂，所以在喷涂前对表面的检查很重要。

四、塑料件漆面问题的实施步骤

汽车塑料件漆面常见问题的实施步骤见表 3-2-3。

表 3-2-3　汽车塑料件漆面常见问题的实施步骤

步骤	成片脱落	开裂	针孔
1	清除脱模剂	添加柔软剂	打磨表面
2	打磨表面	清除脱模剂、打磨表面	清洁
3	清洁	清洁	检查
4	加热	加热	用塑料件腻子填补
5	修补	修补	重喷修补

任务三　汽车漆面的喷涂修复

  学习目标

知识目标

1. 了解漆面深、浅划痕的区分方法。
2. 掌握漆面浅划痕的处理方法。
3. 掌握漆面深划痕的修复工艺。

技能目标

1. 能正确调整喷枪并喷涂。
2. 会正确选用喷枪。
3. 会正确选用工具设备及材料进行漆面划痕修复。

素养目标

1. 通过对漆面划痕的观察、辨别，培养学生严谨细致的工作作风。
2. 通过漆面颜色的调整，培养学生精益求精、细致入微的工匠精神。

  相关知识

　　汽车日常运行及停放绝大多数时间处于露天环境中，由于诸多人为因素，汽车表面深的或浅的划痕总是相伴产生的，划痕深浅是由划伤部位是否露出底漆而分的。对于深浅不同的漆面划痕，需要采用不同的修复工艺，汽车漆面深、浅划痕的鉴别是至关重要的。汽车漆面受硬物刮擦产生的划痕，浅划痕不触及底漆，一般仅涉及清漆和部分色漆层。硬物划伤导致伤及底漆的深划痕，严重者达到钣金层。漆面损伤情况示意图如图 3-3-1 所示。

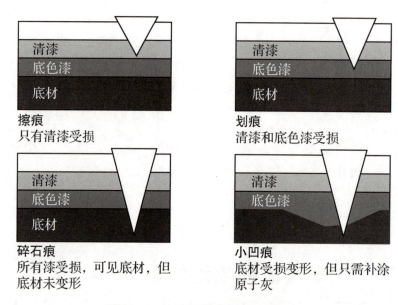

擦痕
只有清漆受损

划痕
清漆和底色漆受损

碎石痕
所有漆受损，可见底材，但底材未变形

小凹痕
底材受损变形，但只需补涂原子灰

图 3-3-1　漆面损伤情况示意图

漆面浅划痕主要是由于擦车不当造成的，车表附有尘埃时用抹布或毛巾擦拭。因尘埃中有一些硬质颗粒状物质，在擦拭时，易使车表漆面出现细小划痕。当汽车漆面受硬物划伤时会产生伤及底漆的深划痕，但板件并未变形，如不及时处理，将加剧钣金腐蚀，影响汽车的使用寿命。伤及底漆而未涉及钣金层的深划痕的修复一般采用喷漆的方法来处理。

一、汽车漆面浅划痕的处理

汽车漆面划痕处理

1. 漆面浅划痕的处理方法及过程

对于一般的极浅的浅划痕，可用抛光机来进行抛光；对于相对深一点的划痕，可以先用 2 000 号砂纸进行一下打磨，然后进行抛光，即可恢复原有的漆膜。具体过程如下。

（1）洗车

清除汽车车身表面的污染物、泥土等，避免造成意外伤害。

（2）漆面研磨

抛光之前再次判断划痕的伤及程度，选择性地用 2 000 号砂纸进行打磨。

（3）抛光

清除研磨留下的细微划痕。

（4）漆面还原增艳

抛光作业结束后，漆面浅划痕已基本消除，对于抛光作业中残留的一些发丝划痕、旋印等，可通过漆面还原进行处理。漆面还原时先用小块无纺布将还原剂均匀涂抹于漆表，再用无纺布毛巾抛光即可。经还原处理后的漆面亮丽如新，可达到打蜡的效果。

（5）漆面保护

漆面保护通过为漆面上保护剂实现，漆面保护剂有蜡质和釉质两类。

2. 漆面浅划痕处理应注意的问题

1）在漆面浅划痕处理施工前，必须对待处理表面进行清洁。

2）抛光剂尽可能不涂在抛光轮上，而是用小块毛巾均匀涂抹于漆面待处理部位。

3）抛光剂涂抹面积要适当，既要便于抛光操作，又要避免未及时抛光出现干燥现象。

4）抛光时要掌握好轻重缓急，漆面瑕疵多的地方要重、要缓慢，用力要去时重、回时轻，棱角边处抛光要轻，来回抛光速度要快。

5）抛光时及时洒水，最好雾状喷洒，防止因水流过大冲去抛光剂。

6）欧美汽车的面漆涂层一般较厚，而日本、韩国及国产汽车的面漆涂层一般较薄。在抛光时要注意把握好分寸，千万别抛露面漆。

7）抛光作业可以手工完成。在手工抛光时，应注意抛光运动路线不可胡乱刮擦、环形运动，应该以车身纵向平行线为准做往复运动。

总之，抛光作业是面漆浅划痕处理的核心技术，抛光剂的选择、抛光剂的用量、抛光机的正确使用及抛光程度的鉴定等事宜都有要求。

二、汽车漆面深划痕的处理

1. 深划痕处理意义

深划痕即划痕深至底漆层的划痕。这种划痕若不进行及时处理，不但对汽车美观影响大，而且极易对漆面产生腐蚀，缩短钣金使用寿命，为此，要予以及时修补处理。

2. 深划痕处理工艺

（1）表面处理

深划痕表面处理工艺包括以下内容：①清洗、除油；②除锈；③清除旧漆，即深划痕两侧旧车漆松动易脱落，在表面处理时应予以清除；④打磨羽边，即对深划痕两侧进行"薄边"处理。

（2）底漆和中涂漆施工

划痕经表面处理后未露金属基材或金属基材外露但并没有凹陷等变形，底漆层附着良好，则可以在原有底漆层基础上直接喷涂中涂漆；或先喷防锈底漆，然后喷涂中涂漆。

（3）面漆涂装

修补深划痕时，须进行面漆的涂装。

三、汽车漆面深划痕修复工艺

对汽车漆面深划痕进行修复时，必须使有划痕的被修补部位的面漆涂层无论是在颜色、光泽度还是在表面流平效果等方面，都要与未修补的部位相同或极其相似，经过修补的区域必须不留修补的痕迹，否则会影响车身面漆的装饰效果。所以，对于需要修补的深划痕区域要进行准确的调色，根据所修补区域的特点采用相应的喷涂手法和处理措施，以达到无痕修补的目的。按照汽车漆面深划痕所触及的范围，汽车漆面深划痕修复工艺一般分为板块修补和局部修补，其中局部修补更为常见。

1. 板块修补喷涂

板块修补的工艺可分解为以下步骤：表面预处理—遮盖—中涂漆—面漆—修整。其中，面漆的修补喷涂最为重要。

（1）面漆喷涂前处理

在进行去旧涂膜、清洁、刮涂原子灰、打磨原子灰及清洁、遮盖等操作后，即可进行中涂漆的涂装。中涂漆的涂装包括喷涂、表面整平、修补区域打磨及清洁等工序。

（2）调色

调色是汽车漆面深划痕修复（板块修补或局部补修）作业中关键的工序之一。

现在多用计算机进行面漆调色，利用该系统可根据实际用量，准确调出各大汽车厂原厂漆颜色，同时也可根据颜色样板调出所需颜色，操作较手工调漆准确快捷，可节省时间。

计算机调色系统一般由计算机、汽车颜色资料库、电子秤、测色仪和油漆搅拌机5大部分组成。用到的工具一般有调色杯、比例尺、搅拌架、比色卡、比色灯箱、样板烤箱、电子秤等，如图3-3-2所示。

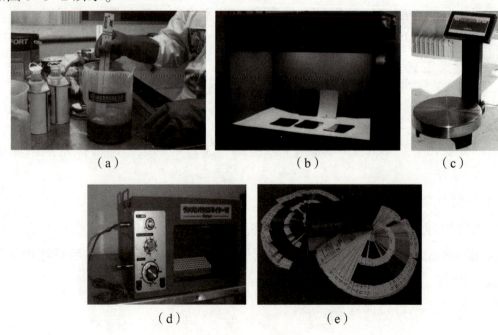

（a）　　　　　　　　　（b）　　　　　　　　　（c）

（d）　　　　　　　　　（e）

图3-3-2　部分调色工具、设备
（a）调色杯、比例尺；（b）比色灯箱；（c）电子秤；
（d）样板烤箱；（e）比色卡

计算机调色系统存储调漆程序，只要将所需修补车身油漆的颜色编号输入计算机，就可以得到所需配方。同时，由于计算机软件不断更新，用户可以及时得到各汽车制造厂、油漆厂的最新原料配方。测色仪是用于找出油漆配方的一部仪器，它可以利用探头在待修补车身上读取数据，数据经计算机调色系统处理后就可获得按色母配漆的精确配方。

（3）面漆的喷涂

喷涂前要再次用压缩空气吹干净被涂物表面，并用粘尘布将表面擦拭干净。面漆喷涂一般有湿喷两层或薄喷一层加湿喷两层的方法，若面漆的遮盖力不够时应以完全遮盖为准确定喷涂层数。此处不做赘述，根据所用品牌涂料的施涂工艺要求进行施工。

（4）修整

清除所有遮盖纸、胶带，揭去专用遮盖罩，修补边角遗漏处，进烘房烘烤 30～60 min，或自然干燥 24 h。

对于任何深划痕均采用板块修补或板块间驳口修补是比较稳当的方式，但若考虑提高工作效率及节约涂料，则有时最好能做局部修补。

2. 局部修补喷涂

局部修补与板块修补是汽车漆面修复中应用最广的方法，有时可能通过驳口工艺掩饰颜色差异。局部修补即对车身的某一局部进行修补喷涂。最重要的是，使修补区域的颜色与未修补区域的颜色一致，表面流平效果相同，要求在底材处理和喷涂时需要采用一定的技术措施。

3. 面漆的抛光

现在通常使用丙烯酸基或丙烯酸聚氨酯型的双组分面漆，虽然表面具有高度的光泽，但由于喷涂环境的影响，喷涂表面有时也会产生大量的脏点，或是由于局部修补需要使修补部位与原涂层消除光泽上的差异或色差，往往也需要进行整板抛光处理。

任务实施 ▶▶ ▶

在对油漆损伤 5 cm 范围内的轻微深划痕，靠近板块边缘时适当采用小修补的喷涂修补方法。本任务以油漆（双工序金属漆）损伤 5 cm 范围内的翼子板修补涂装为例进行实施，操作中时最好选用环保省漆的小修补喷枪，具体的修补工艺及实施步骤如下。

一、喷涂前准备

1. 确定修补工艺

先目测评估划痕损伤程度，然后戴上棉纱手套从不同角度触摸损伤部位，经过对划痕的

判断可知，翼子板油漆损伤5 cm范围内的轻微划痕，靠近板块边缘（图3-3-3），适合小修补，可在修补区内对底色漆及清漆进行驳口。

2. 打磨

根据划痕的损伤程度，可以依次选用P150、P240、P320砂纸打磨划痕损伤的区域，如图3-3-4所示，并同时将需要喷涂中涂漆的部位研磨至哑光。边角区域可以使用P400海绵砂纸或红色菜瓜布进行手工研磨。打磨时尽量控制范围，避免面积扩大增加维修成本。砂纸跳号不要超过100号。打磨期间要经常用手掌从不同角度触摸表面，确认划痕是否已去除，表面是否已打磨平整。

图3-3-3　翼子板轻微划痕

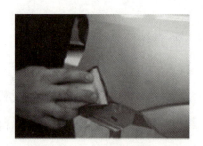

图3-3-4　打磨划痕损伤

3. 清洁除油

打磨完成后，先用除油剂清洁，然后喷中涂底漆。如果清洁不彻底，喷涂后会产生缺陷，如缩孔。

二、喷涂中涂漆

1. 喷涂中涂漆

检查是否有裸露底材情况。如果有金属裸露，按照作业标准，需在裸露金属部位施涂底漆，保证防腐蚀性能达到要求。喷涂中涂漆时，尽量控制中涂漆在较小的范围内，并注意边缘位置涂层要渐进，不要呈台阶状。第一层在损伤区域薄喷闪干后以逐层扩大的方法进行后续涂层的喷涂，层间自然闪干至哑光状态，如图3-3-5所示。

图3-3-5　喷涂中涂漆

2. 打磨中涂漆

为了提高工作效率尽快干燥中涂漆，一般使用红外线烤灯对中涂漆进行干燥。待中涂漆干燥后，用P400~P500干磨砂纸或是P800~P1000水磨砂纸打磨中涂漆。用特细砂纸（如P2000水磨砂纸）或幼尼龙布打磨将喷涂面漆的范围。扩大打磨范围，增强面漆在旧漆膜上的附着力。完成打磨工序，便可准备喷涂底色漆，如图3-3-6所示。

3. 除油、除尘

用除油剂清洁整个需要喷涂的工件，用粘尘布进行喷涂前除尘作业。色漆喷涂前先用脱脂清洁剂清洁再使用水性清洁剂进行清洁，去掉表面残留的油脂和盐分避免喷涂后产生缺陷。对板件进行粘尘操作时，要首先将粘尘布完全打开，然后反向轻折成蓬松状态，再轻轻擦拭待喷涂表面，避免重压导致粘尘布上的树脂粘到板件上产生漆膜缺陷，如图 3-3-7 所示。

图 3-3-6　完成打磨

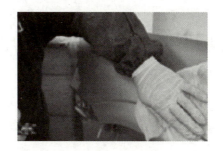

图 3-3-7　除尘

三、喷涂面漆

1. 底色漆喷涂

使用环保省漆小修补喷枪喷涂底色漆。使用前应调整好其喷幅、出漆量及喷涂气压。假如面漆遮盖力低，可先以低气压遮盖中涂漆范围，喷涂时从内向外。每一层底色漆干燥后，用粘尘布轻轻除去多余的银粉后再喷下一层，直至中涂漆完全被遮盖好。把喷枪气压调高从外至内喷涂，如图 3-3-8 所示，把握喷涂范围一层比一层稍宽以做过渡，每一层干燥后，用粘尘布粘走多余银粉。喷涂底色漆至接口位置已不明显，便可等待底色漆干燥。

2. 闪干色漆

使用吹风筒加快水性底色漆的干燥，如图 3-3-9 所示。第一层色漆喷涂完成后，建议用吹风筒进行闪干，待底色漆表面呈现哑光状态后，方可进行第二层色漆的喷涂。第二层喷涂后继续用吹风筒闪干至哑光。水性色漆的干燥方式一般使用吹风筒，无论是手持还是使用吹风筒支架，都必须使吹出的空气与喷房内空气流动方向一致。吹风筒与被喷涂板件的角度为 45°，这样才能涉及更大的喷涂表面，距离不宜太近，根据喷涂表面的湿润度控制在 30~80 cm。

图 3-3-8　喷涂色漆

图 3-3-9　闪干色漆

3. 喷涂清漆

清漆是由树脂作为主要成膜物质，与溶剂、助剂混合后的涂料，对车身具有保护功能。调整喷枪气压（1.0~2.0 bar），喷涂第一层清漆，完全覆盖底色漆范围。第一层清漆的闪干时间过后，喷涂第二道清漆，需完全覆盖第一层清漆的范围，直至预定的接口位置，如图3-3-10所示。

4. 驳口操作

完成清漆喷涂，立刻换上驳口水或在原有的清漆中加入接口添加剂或稀释剂。驳口水是用于点修补中清漆渐变区域，或过渡修补的清漆渐变区域的混合溶剂，使用时需要遵循涂料供应商技术手册的要求。在清漆的接口位置薄喷2~3次驳口水或已稀释的清漆，如图3-3-11所示。均匀喷涂驳口水，避免流挂等缺陷产生。

图3-3-10　喷涂清漆

图3-3-11　喷驳口水

四、抛光修整

1. 干燥清漆

使用短波红外线烤灯对面漆进行快速干燥处理。

2. 完成小修补工艺

清漆涂层完全干燥后，用幼蜡在接口位置抛光，完成小修补工艺，效果如图3-3-12所示。抛光时要注意，接口区域从新喷涂漆面向旧漆膜方向单向抛光。抛光机移动要均匀，避免漆膜受热起泡。

图3-3-12　完成小修补工艺效果

五、竣工检查

在光线照射充足处，目视检查喷涂表面有无缺陷。喷涂表面有无橘皮、尘点、流挂、针孔等缺陷。色漆局部修补区域有无过渡痕迹。清漆接口区域与完好漆膜是否完美过渡，有无抛穿现象。

任务实施记录工单 ▶▶ ▶

汽车漆面的喷涂修复

一、车辆信息记录

品牌		整车型号		生产日期	
发动机型号		发动机排量		行驶里程	
车辆识别码					

二、使用设施设备情况

序号	设施设备名称	品牌	数量	使用项目
1				
2				

三、技能操作

考核项目	所需工具	实操内容
喷涂前的准备		
中涂漆喷涂		
面漆喷涂		
抛光修复		

任务实施考核标准与学习评价

汽车漆面的喷涂修复任务评价表

学生姓名		开始时间		结束时间		得分		
实施步骤	工作内容	序号	考核评价要求			标准分	扣分	扣分原因
一	安全防护	1	工作中正确使用安全防护用品			5		
二	喷涂前准备	1	评估划痕损伤程度，确定合理修补工艺			3		
		2	采用正确方法打磨去除划痕损伤			5		
		3	正确使用除油剂，漆面清洁彻底			2		
三	喷涂中涂漆	1	对裸露金属部位施涂防锈底漆			5		
		2	正确喷涂中涂底漆			8		
		3	正确打磨中涂底漆			8		
		4	扩大打磨范围，保证面漆附着力			5		
		5	使用适合的除油剂，表面清洁彻底			2		
		6	合理使用粘尘布对表面粘尘清洁			3		
四	喷涂面漆	1	正确调整喷枪			5		
		2	喷涂色漆，颜色遮盖均匀			8		
		3	正确使用吹风枪闪干色漆			5		
		4	表面喷涂清漆，光泽一致			8		
		5	正确使用驳口水进行驳口处理			5		
五	抛光修整	1	使用烤灯干燥面漆			5		
		2	采用正确方法对驳口位置抛光修整			8		
六	安全生产	1	安全操作			4		
		2	场地清理			3		
		3	工具归位			3		

汽车漆面喷涂修复的效果，主要取决于汽车漆面喷涂设备的质量和操作人员的技术水平，为提高漆面的修复质量，要对喷枪有充分的认识，熟悉喷枪的操作方法。

一、喷枪工作原理

喷枪是漆面修复的主要设备，其质量对漆面修复的质量影响很大。喷枪的类型和规格较多，适用于不同场合的喷涂，但其基本功能和工作原理是一致的。

空气喷枪的工作原理就是，使用压缩空气将雾化涂料喷涂到表面上，与雾化器的原理是一样的。当压缩空气从气罩的气孔中排出时，就在涂料喷嘴处形成一个负压，该负压对杯中的涂料施以吸引力。然后，由于气罩中气孔处的压缩空气的作用，被吸上的涂料以雾化涂料形式喷出，如图 3-3-13 所示。

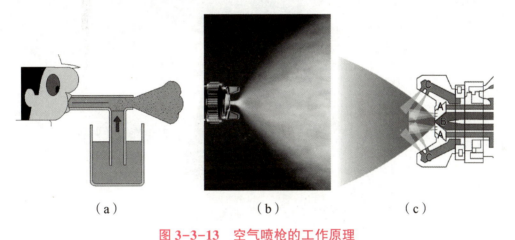

（a）　　　　　　　　（b）　　　　　　　　（c）

图 3-3-13　空气喷枪的工作原理

（a）雾化原理；（b）喷枪喷涂；（c）喷涂原理

二、空气喷枪的结构

1. 整体结构

以重力式为例，空气喷枪的结构如图 3-3-14 所示。

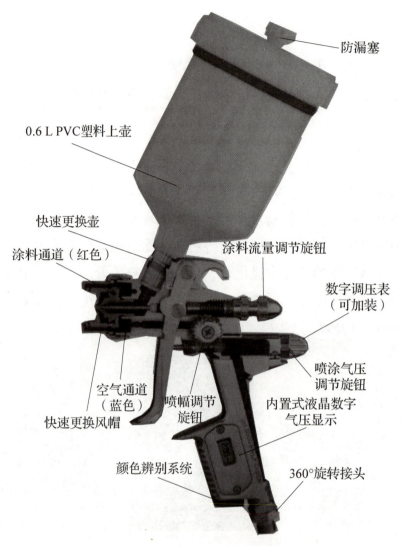

防漏塞

0.6 L PVC塑料上壶

快速更换壶

涂料通道（红色）

涂料流量调节旋钮

数字调压表
（可加装）

喷涂气压
调节旋钮

空气通道
（蓝色）

快速更换风帽

喷幅调节
旋钮

内置式液晶数字
气压显示

颜色辨别系统

360°旋转接头

图 3-3-14　空气喷枪的结构

2. 部分重要部件结构

1）涂料喷嘴和枪针结构如图 3-3-15 所示。

涂料通道（红色）

喷枪风帽
空气通道（蓝色）
涂料喷嘴

喷枪枪针

（a）

①风帽
（黄铜）

②喷嘴
（不锈钢）

③枪针
（不锈钢）

（b）

图 3-3-15　涂料喷嘴和枪针结构

（a）喷嘴剖面图；（b）喷嘴结体图

2）空气帽排气，以助雾化涂料，如图 3-3-16 所示。

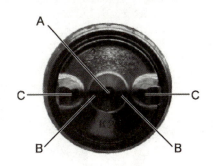

图 3-3-16 空气帽结构

A—中央气孔（在涂料喷嘴处产生真空，并且喷涂料）；B—辅助孔（促使涂料雾化）
C—侧孔（使用压缩空气的力来规定喷雾图形）

3）拉动扳机，空气及涂料便会喷出。扳机工作分两步。初始拉扳机时，气阀打开，仅让空气喷出；再一步拉扳机，枪针便打开，涂料随空气喷出，如图 3-3-17 所示。

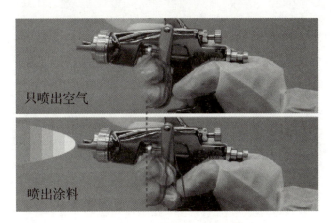

只喷出空气

喷出涂料

图 3-3-17 扳机工作示意图

三、喷涂操作（使用喷枪）

喷涂操作前要根据要求调整好喷枪的涂料流量、喷幅的大小及空气压力，并在测试纸上进行试喷。在喷涂操作中，喷涂气压、喷涂的距离、喷枪移动速度、喷涂角度及扇面重叠度等因素，都对涂膜的质量和漆面的美观有直接的影响，根据实际需要来进行操作，见表 3-3-1。

表 3-3-1　喷枪使用要点

序号	要点	效果图	调整说明
1	喷涂距离		传统型喷枪的喷涂距离应保持在 18～23 cm，环保喷枪应保持在 13～17 cm 距离过近易产生流痕，距离过远会造成涂膜面粗糙无光
2	喷涂角度		无论被涂物面是平面、垂直面、斜面、侧面，喷涂的喷雾流应始终与被涂面保持垂直
3	扇面重叠	50%　✓ 20%　✗	正确的喷雾图形重叠宽度为喷雾图形的 1/2～2/3。喷雾图形的重叠一定要均匀。如果发生不均匀现象，那么涂层厚度便不均匀，从而可以产生涂装缺陷

课题四

汽车车身贴膜

汽车在使用过程中既要经受多变环境条件的影响，又要经常接触各种腐蚀性物质，这些会使车身和内室经常受到不同程度的污染。汽车车身及时有效装贴保护膜是汽车装饰美容的重要环节，是一项典型性工作。本课题将从汽车车身表面贴膜、汽车玻璃贴膜两方面展开。

 任务一　汽车车身表面贴膜

 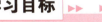 **学习目标**

知识目标

1. 了解汽车车身表面保护膜的概念和特性。

2. 了解汽车车身表面保护膜的材质。

3. 了解汽车车身表面改色膜的概念和特性。

4. 了解汽车车身表面改色膜的材质。

技能目标

1. 能够正确识别、选用汽车车身表面保护膜、改色膜。

2. 能够正确使用和维护汽车车身表面保护膜、改色膜张贴设备。

3. 能按规范进行汽车车身表面保护膜、改色膜的张贴。

素养目标

1. 通过安全与防护知识的学习，培养安全生产的意识，提高学生对安全发展理念的认识。

2. 通过学习汽车车身表面保护膜、改色膜的张贴，培养学生一丝不苟、精益求精的工匠精神。

3. 通过汽车车身表面贴膜任务，培养学生良好的职业道德与行为操守。

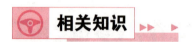 **相关知识**

汽车车身表面保护膜又称隐形车衣，是一种高性能新型环保薄膜，广泛应用于汽车贴膜美容保养行业，是透明漆面保护膜的一种俗称。汽车车身表面保护膜具有超强的韧性，装贴后可使汽车漆面与空气隔绝，持久保护漆面，防止汽车在行驶或者停放时出现剐蹭，保护车漆。它可以防止在高速行驶时雨滴、石子等损伤车漆，也起到一定防止雨水渗透车漆和抗黄变的作用，使汽车保值。

一、汽车车身表面保护膜

1. 汽车车身表面保护膜材质

汽车车身表面保护膜常用的材质有 PVC、TPH、TPE、PU、TPU。

（1）PVC 膜

第二代漆面保护膜由 PVC 制成，主要成分为聚氯乙烯。其优点是材料硬，抗冲击性强，价格较低；缺点是拉伸性和柔韧性差，使用寿命短等，此外，热稳定性差，长时间高温会导致分解。目前，PVC 膜应用很少。因为施工时 PVC 需要加热才可以让膜随型贴在车漆表面。

（2）TPH、TPE、TPC 膜

这类膜就是 PVC 的软料，它们本质上是一种 PVC 材料，但是通过添加增塑剂，使原来的 PVC 材料被软化了，从而使施工更加容易和高效。其缺点是产品容易变脆甚至出现龟裂现象，还会在漆面产生胶印或遗胶，影响施工效果，膜也是很薄的。

（3）PU 膜

聚氨酯材料，又称聚氨基甲酸酯，简称 PU，是一种有机高分子材料。第一代漆面保护膜就是由 PU 材料制成的，最初用于军事领域，后来逐渐用于民用。PU 材料的优点是强韧性、柔软性和高拉伸强度，缺点是耐候性差，对碱性物质的抵抗力弱，原膜会黄变。PU 膜有划痕修复功能，但是不具备抗污和腐蚀的能力。目前，PU 膜在市场上也比较少见。

（4）TPU 膜

T 是涂层的意思，TPU 膜是在 PU 膜上多了一道涂层工艺。它是第三代漆面保护膜，具

有更好的耐寒性、耐污性、延展性等功能。同时，TPU 的环保性能也比较好，与 PVC 材料相比，对环境几乎没有污染。涂层在 TPU 漆面保护膜起到抗酸性、抗污、抗腐蚀、高光泽等作用。涂层基本大同小异，且都会根据汽车的使用而衰退。TPU 膜的优势如图 4-1-1 所示。

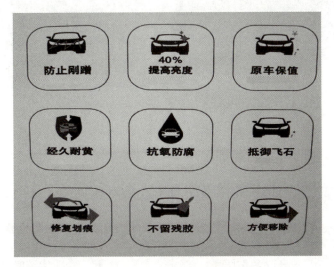

图 4-1-1　TPU 膜的优势

2. 汽车车身表面保护膜特点

1）优良的延展性能，超强的拉伸强度；可在任意弧面上表现出理想的随行性。

2）极好的抗黄变性（一般 3 年以上），以及 5 年以上的抗老化性。

3）水晶般的透明性，与原车融为一体，不影响车漆本色；可提升车漆 5%~20% 的光泽度。

4）可以抵抗石油、油脂、弱碱、沙砾、酸雨等对漆面的损伤。

5）超强的柔软性与记忆性，可抵御一般性的划伤、摩擦。

6）良好的抗紫外线能力，防止其对车漆长时间的损害；保护原厂车漆的光泽度。

7）良好的胶黏性，不开边、不龟裂。

8）良好的压敏胶特性，可以确保任何时间移除不留残胶。

9）符合环保要求。

10）PE 膜可以在施工时确保基材不会被划伤，并且可以随着基材拉伸。

二、汽车车身个性化贴膜改色

汽车改色因个性而存在。车体涂鸦彩绘、镀膜彩绘度身定制，高品质的整车改色及内饰升级能够彰显车主的个性。汽车改色膜、汽车大灯膜、汽车彩绘膜，为车主的爱车增添活力，使其散发青春光彩。炫彩个性汽车改色如图 4-1-2 所示。

图 4-1-2　炫彩个性汽车改色

1. 车身贴膜改色与传统车身装饰的对比

车身贴膜改色装饰工艺与传统喷漆及车身彩绘的对比见表 4-1-1。

表 4-1-1　车身贴膜改色装饰工艺与传统喷漆及车身彩绘的对比

项目	车身改色贴膜	传统喷漆、车身彩绘
原漆损伤	无须打磨原漆，轻松一贴就可完成	复杂烦琐，需经过抛光、打磨、上光、喷漆等多重繁复工序，破坏原漆
保护性能	覆盖车漆表面，隔离性保护，长久有效	与原漆融合，随时间衰退减弱
色彩均匀度	整车完全一致，无色差	人工喷漆较难控制，容易产生色差
色彩光泽度	色彩饱和逼真，长久保持与车漆一样的光泽度	色彩光泽及饱和度易受施工影响，保持时间短
质感处理	多种表面材质，无须特殊制作，拿来即贴	特殊质感制作费用较高，难度较大
画面绘制	计算机喷绘，分辨率高，清晰逼真，可呈现任何复杂画面，长久不脱落、不褪色	对施工人员美术功底要求较高，喷绘技巧性强，难以展现复杂画面，清晰度差，易脱落
环保属性	安全环保，无污染	对汽车与环境的污染均较大
施工时间	2~3 天	5~7 天
汽车保值	揭除后原漆亮丽如新，汽车最大化保值	毁坏原漆，转手时易被怀疑事故车辆而贬值

98

车身贴膜改色装饰工艺与传统封釉、镀膜的对比见表 4-1-2。

表 4-1-2 车身贴膜改色装饰工艺与传统封釉、镀膜的对比

项目	透明保护膜	传统封釉、镀膜
保护方式	物理性隔离保护	化学性强化保护
车漆损伤度	不腐蚀车漆	腐蚀车漆
抗磨蚀性	密封漆面，防 UV，避免腐蚀、氧化、褪色及老化发生	能力加强，减缓腐蚀、氧化及老化发生
抗划能力	阻断划损，即使膜受损漆面也不受损伤	漆面硬度高，易产生永久性划痕
环保属性	安全环保，无污染	具有一定腐蚀性，污染环境
光泽度	长久保持新车光泽	短暂保持漆面光泽
保养度	易于清洗保养，不褪色、不变质	长期清洗，漆面老化、褪色
车辆价值	随时可揭，原漆崭新如初	原漆受损，再难恢复原有光彩
时效	保持 4 年（彩色）~5 年（黑白）	保持时间 6~15 个月
养护费用	低	高

2. 车身改色膜材料

车身改色膜是由稳定型聚氯乙烯膜和高性能低初黏度丙烯酸背胶组成的车身专业改色膜。它带有"去泡"胶系统，特殊的低初黏度丙烯酸背胶与聚氯乙烯膜的柔性决定了产品卓越的可复位性。胶水对漆面不会产生影响，100 μm 的厚度也加强了对车身的良好保护，极大减少了车身因蹦石、刮擦等产生的机械性损伤。需要去除时，膜很容易被揭掉并且在车身上几乎不留任何残胶。

改色膜具有不留残胶、强力贴覆、耐磨耐划、护理便捷、色感饱满、防腐蚀、隔热阻燃、任意曲面贴身包覆及超级环保等基本特性。除此之外，还具备完美保护原厂车漆、增强贴车耐久性及降低了施工难度、施工一步到位不浪费等优势。常见的车身改色贴膜主要有以下几种：

（1）亚光透明膜

1）特点：具有透明磨砂面。亚光透明膜如图 4-1-3 所示。

2）功能：将亮丽车漆改成亚光效果；保护车身原厂车漆；不打磨、不伤漆；隔离性保护车漆；抗击行驶中飞起的石子和划痕；环保无毒施工；全车体包覆；随时去除，无残留胶体；车辆保值。

3）贴饰效果：全车亚光；局部亚光。

（2）亮光膜

亮光膜如图 4-1-4 所示。

图 4-1-3　亚光透明膜

图 4-1-4　亮光膜

1）特点：色彩丰富，可选颜色多达 100 余种。

2）功能：改变车身颜色，保护车身原厂车漆，满足车辆特定颜色的需求，特种车辆（赛车、企业、执法机关、军队）创意改色，车漆质感，紫外线照射无色差，环保无毒施工，全车体包覆，去除无残留胶体，抗磨损和侵蚀，车辆保值。

3）贴饰效果：全车单色；全车双色；局部改色（车顶、发动机盖等）；创意图案效果。

（3）汽车电镀膜

汽车电镀膜如图 4-1-5 所示。

图 4-1-5　汽车电镀膜

汽车电镀膜常见颜色有银、金、钴蓝、黄、橙、红、粉、钨钢等。

（4）LFC 高光车漆

1）特点：LFC 高光车漆是用于汽车外观装饰用的铸压乙烯薄膜。它坚固耐用，使用寿命长达 5 年，同时具有附着力极强的丙烯酸压敏胶层，配有硅质聚酯薄膜的保护膜，容易去除膜上的灰尘和杂质，如图 4-1-6 所示。

图 4-1-6　LFC 高光车漆

2）贴饰效果：真正的高光，因特殊表面抗划性能，可自我恢复划痕；极强稳定性，收缩率小于 5%；完美的延展性，非常容易去除杂质或灰尘。

3）颜色：LFC 高光车漆颜色如图 4-1-7 所示。

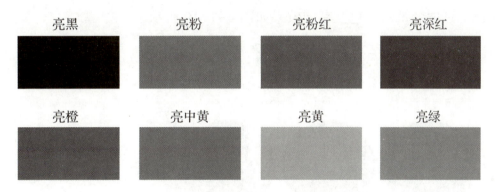

亮黑　　亮粉　　亮粉红　　亮深红

亮橙　　亮中黄　　亮黄　　亮绿

图 4-1-7　LFC 高光车漆颜色

（5）亚光膜

亚光膜如图 4-1-8 所示。

1）特点：具有光线反射程度低的特殊效果。

2）常用颜色：光黑、亚光白、亚光绿、亚光黄、亚光红、亚光蓝、亚光灰、亚光银等。

3）功能：亚光涂装质感，保护车身原厂车漆，提高车身洁面效果，紫外线照射无色差，环保无毒施工，全车体包覆，去除无残留胶体，车辆保值。

4）贴饰效果：全车、局部或内饰亚光。亚光膜全车施工效果图如图 4-1-9 所示。

图 4-1-8　亚光膜

图 4-1-9　亚光膜全车施工效果图

（6）PermaFun 透明装饰膜

PermaFun 透明装饰膜分为珠光、拉丝、皮革 3 种材料。

1）特点：具有逼真的纹理表面，具有显著的装饰效果，可增强装饰表面的视觉效果和立体感，给单纯的颜色表面添加珠光、皮革或拉丝的修饰效果，5 年保质期，不受清洁剂的影响。

2）颜色：透明装饰膜颜色及贴饰效果如图 4-1-10 所示。

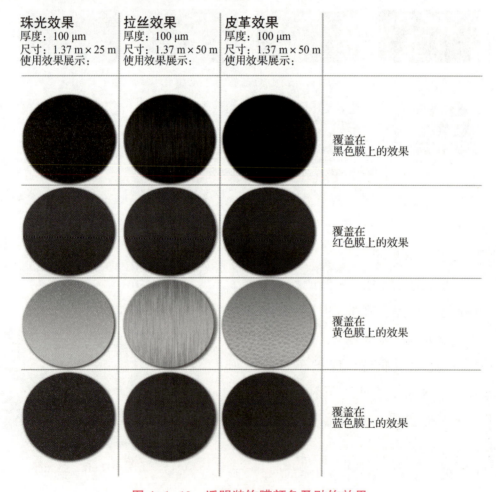

图 4-1-10　透明装饰膜颜色及贴饰效果

（7）碳纤维膜

碳纤维膜粘贴如图4-1-11所示。

图 4-1-11　碳纤维膜粘贴

1）颜色：碳纤维膜常用颜色如图4-1-12所示。

图 4-1-12　碳纤维膜常用颜色

2）功能：碳纤维膜有很好的视觉效果，成本低于碳纤维材料部件，保护车身原厂车漆，提高车身洁面效果、车漆质感，紫外线照射无色差，环保无毒施工，全车体包覆，去除无残留胶体。

3）贴饰效果：全车、局部或内饰碳纤维。碳纤维膜实车施工效果图如图4-1-13所示。

图 4-1-13　碳纤维膜实车施工效果图

（8）车灯改色膜

车灯改色膜具有超强弹力的聚氨酯材质，可用于前灯、后灯、雾灯上，具有多种颜色的装饰效果，如图 4-1-14 所示。

1）颜色：烟熏色、浅灰色、红色、黄色、蓝色。

2）功能：车灯多种变色效果，防止高速行驶中碎石的侵害，防止生活中的小划痕，紫外线照射无色差，环保无毒施工，全车体包覆，去除无残留胶体。

3）贴饰效果：车灯改色，产生"HID"的光学效果。车灯改色膜实车施工效果图如图 4-1-15 所示。

图 4-1-14　车灯改色膜

图 4-1-15　车灯改色膜实车施工效果图

 任务实施 ▶▶ ▶

一、漆面保护膜装贴施工流程

车身贴膜

（一）安全与防护

个人防护用品指为防止一种或多种有害因素对自身的直接危害所穿用或佩戴的器具的总称。个人防护用品的正确使用，可以使技师避免生产过程中的直接危害，对技师的身体健康及生命安全都起着重要的作用。技师要根据工作性质和有害因素的不同，合理选用个人防护用品。

（二）车身表面检查

在进行汽车漆面保护膜张贴操作前一定要做好车身表面检查记录工作，给汽车进行漆膜、内饰、玻璃等部位的美容装饰时，发生的费用会比较高，为了避免与客户之间产生不必要的误会，应做好记录。同时，还可以保留客户记录，便于以后的联系和沟通，提高自身的规范程度。

（三）汽车漆面保护膜张贴

1. 工具准备与安全防护

美容技师需要摘除首饰等饰品，穿戴安全防护用具，根据需要准备汽车漆面保护膜装贴工具，如图 4-1-16 所示。

图 4-1-16　汽车漆面保护膜张贴工具车

2. 下料裁膜

根据装贴部位打版，然后依据版型下料，要注意打版下料与裁膜下料准确度，如图 4-1-17 所示。

3. 张贴前清洁漆面

使用合适的工具进行张贴前清洁漆面的操作，如图 4-1-18 所示。

图 4-1-17　下料裁膜

图 4-1-18　张贴前清洁漆面

4. 张贴漆面保护膜

漆面保护膜张贴如图 4-1-19 所示。

图 4-1-19　漆面保护膜张贴

（a）核对张贴部位；（b）清洗张贴部位；（c）喷洒安装液到张贴部位；（d）揭除车漆保护膜的
背胶纸；（e）喷洒润滑液到车漆保护膜胶面及张贴部位；（f）对准位置、张贴车漆保护膜；
（g）根据张贴部位用烤枪或手工操作定型；（h）用专用刮板驱水粘膜，赶水

5. 裁边、包边

裁掉所有多余边缘膜面，进行包边处理，如图4-1-20所示。

6. 检查交付

检查膜面张贴效果，要求整张安装，膜面干净、平整，无橘皮、胶纹，无水泡、气泡，无脏污，刀切部位平直，接缝部位美观，包边到位，如图4-1-21所示。

图4-1-20 包边处理

图4-1-21 检查质量

（四）竣工检查

在光线照射充足处，对车身保护膜表面进行竣工检查，要求表面没有污渍、没有水分残留、没有气泡，光亮整洁，玻璃表面透亮、光洁度高。

二、车身改色膜张贴施工流程

（一）车身改色设备、工具和材料准备

1. 专业无痕裁膜线

专业无痕裁膜线是用来取代刀片，非常灵活的自黏性胶带，如图4-1-22所示。其背面带一根高强度细线，当细线被单独拉出时，就变成了强大的切割工具，可以把胶带上面贴覆的各种材料按胶带的走向进行完美切割。

图4-1-22 专业无痕裁膜线

这种裁膜方法避免了传统的刀片裁膜方法中刀片在车身上可能造成的漆面损伤的情况，并可以达到专业的工厂级切割效果。

3M "车衣酷"车身改色膜，基于3M全球领先的双层铸造级贴膜及第三代导气槽和背胶技术专利，乃世界顶级汽车车身改色膜。其采用双层铸造级贴膜技术，能保证更简易施工；具有一定的延展性能，保证贴膜效果的一致性和拉伸性能，减少报废；多种表面材质制作，富有质感；安全环保，无污染；1.5 m的超宽幅贴膜，在绝大部分汽车上使用没有拼

接，整体贴膜更美观出众。

（2）汽车改色膜材料分辨

1）手感：质量好的汽车改色膜膜面比较细腻，厚度也比较适宜，不易出现折痕；而质量次的改色膜粗糙感明显，缺少韧性，折痕不易恢复。

2）味道：味道的大小关系着汽车改色膜质量的好坏。一般质量好的改色膜执行的是全球环保标准，不会有刺激性味道。

3）背胶：质量好的改色膜背胶粘贴强度比较有保证；而质量次的改色膜背胶在揭贴一两次后，就会感觉到粘贴力度的下降。

4）色泽：从色泽上观察，一般比较好的改色膜的色彩都比较饱满均匀，而次一些的改色膜的颗粒感较强。

（二）车身改色贴膜工艺

1. 改色膜粘贴工艺要求

1）贴膜前先将车身清洁干净。

2）避免灰尘、杂质影响贴膜效果，贴膜时一定要快、准。

3）粘贴前要根据车身要粘贴部位的尺寸进行初步剪裁，然后进行施工、粘贴。

4）施工完毕后，要进行进一步修正，即按照车身的形状，精剪裁出相应的形状。

2. 改色膜干贴工艺操作

改色膜干贴工艺操作如图4-1-23所示。

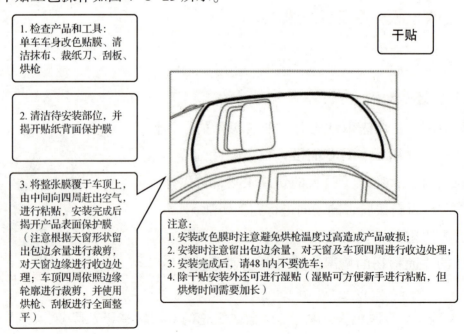

图4-1-23　改色膜干贴工艺操作

3. 改色膜湿贴工艺操作

改色膜湿贴工艺操作如图 4-1-24 所示。

湿贴

1. 检查产品和工具：
单车车身改色贴膜、
清洁抹布、裁纸刀、
刮板、烘枪、喷壶

2. 清洁待安装部位，
用喷壶在待安装部位
喷水；揭开改色贴膜
的背面保护膜，并在
背面喷上水

3. 将整张膜覆于车顶上，由中间向四周赶出空气和水，
进行粘贴，安装完成后揭开产品表面保护膜（注意：
用吹风机烘干水分后，根据天窗形状留出包边余量进
行裁剪，对天窗边缘进行收边处理；车顶四周依照边
缘轮廓进行裁剪，并使用烘枪、刮板进行全面整平）

图 4-1-24 改色膜湿贴工艺操作

（三）无痕裁膜线贴膜操作工艺

"车衣裳"专业无痕裁膜线贴膜操作施工流程见表 4-1-3。

表 4-1-3 "车衣裳"专业无痕裁膜线贴膜操作施工流程

步骤	操作内容	操作示范图	技术要求
1	塑形		将裁膜线按照客户需要的形状贴在车漆表面或膜上（胶带中的细线形状就是做出的实际形状）。在裁膜线上面贴上膜，并在膜的边缘外留出 10 cm 左右的胶带，以便拉出切割线
2	做切口		用剪刀在距胶带头 3~5 cm 的位置做一个切口，但不要把胶带里面的细线剪断
3	制作拉线头		用手指按住切口处的胶带，用力拉剩余部分的胶带，将这部分胶带作为拉线头

步骤	操作内容	操作示范图	技术要求
4	拉出细线		拽住拉线头，将胶带中的细线从胶带中拉出，然后从膜的边缘拉出细线
5	开始切割		用手压住细线和膜接触的边缘，瞬间用力快速拉扯细线，开始切割膜
6	切割		沿胶带拉出细线，保持动作的平稳，并使细线与膜面一直保持45°
7	揭掉残余胶带和膜		同时揭掉残余胶带和膜，也可以先揭掉膜再揭残余胶带
8	揭掉残胶		膜已经沿切割线揭除后，可以从膜下面揭掉残余在膜下面的胶

(四) 竣工检查

在光线照射充足处，对车身改色膜表面进行竣工检查，要求表面没有污渍、没有水分残留、没有气泡，光亮整洁，玻璃表面透亮、光洁度高。

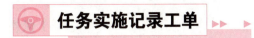 **任务实施记录工单** ▶▶ ▶

汽车车身表面保护膜张贴

一、车辆信息记录

品牌		车型	□轿车 □SUV □MPV
车辆识别码			

二、保护膜张贴前外观检查

检查项目	外观描述
前后风窗玻璃及刮水器	
车窗（车门车窗、天窗）	
车身（发动机舱盖、前后翼子板、前后保险杠、车门、车顶）	
轮毂及轮胎	

三、保护膜张贴后外观检查

检查项目	外观描述
前后风窗玻璃及刮水器	
车窗（车门车窗、天窗）	
车身（发动机舱盖、前后翼子板、前后保险杠、车门、车顶）	
轮毂及轮胎	

四、保护膜张贴所需材料

汽车车身表面保护膜张贴所需材料	

任务实施考核标准与学习评价

汽车车身表面贴膜任务评价表

学生姓名		开始时间		结束时间		得分		
实施步骤	工作内容	序号	考核评价要求			标准分	扣分	扣分原因
一	安全防护	1	工作中正确使用安全防护用品（检查首饰等饰品）			4		
二	验车	1	环检汽车，检查汽车有无损失和瑕疵			4		
三	裁膜	1	打版准确度			4		
		2	裁膜准确度			4		
四	清洁	1	清洗装贴部位			4		
五	车身表面保护膜装贴	1	膜面划伤			7		
		2	尘点			7		
		3	水泡			7		
		4	气泡			7		
		5	胶印			7		
		6	橘皮			7		
		7	包边			7		
		8	漆面划伤			7		
		9	膜面涂层断裂			7		
		10	膜面装贴效果			7		
六	安全生产	1	安全操作			4		
		2	场地清理			3		
		3	工具归位			3		

任务二 汽车玻璃贴膜

学习目标

知识目标

1. 汽车车窗膜（太阳膜）的基本结构和特性。
2. 汽车车窗膜（太阳膜）质量的鉴别方法。
3. 汽车车窗膜（太阳膜）的贴护工艺流程。

技能目标

1. 能够正确识别、选用汽车车窗膜（太阳膜）。
2. 能够正确使用和维护汽车车窗膜（太阳膜）张贴设备。
3. 能按规范进行汽车车窗膜（太阳膜）的张贴。

素养目标

1. 通过安全与防护知识的学习，培养安全生产的意识，提高学生对安全发展理念的认识。
2. 通过学习汽车车窗膜（太阳膜）的张贴，培养学生一丝不苟、精益求精的工匠精神。
3. 通过汽车玻璃贴膜任务完成，培养学生良好的职业道德与行为操守。

相关知识

在炎热的夏天，汽车车窗粘贴太阳膜可以使车内冷气需求下降60%，除保持了车内凉爽外，还可以省下不少空调消耗的能源。另外，紫外线长期直射除了伤害车主的皮肤，还会引起车饰龟裂与褪色，粘贴太阳膜还有保护爱车内饰、延长其使用寿命的作用。太阳膜还能有效避免意外事故引起的玻璃飞溅。当遭遇车祸时，好的防爆膜能黏附碎裂玻璃使之不飞溅，有效保护车主的人身安全。防爆膜还有加强私密性、有效防止小偷等窥探车内财物，保护车主财产安全及个人隐私的作用。

车窗防爆隔热贴膜是一种高科技的功能性隔热材料，它是由多层特殊聚酯膜复合压制而成。在膜层中使用磁控溅射等方法镀上的一层纳米级的高反射率金属氧化物涂层后，使其不但具有很高的透光度，而且具有极高的隔断太阳红外辐射和紫外线的能力。

一、汽车防爆太阳膜的功能

1. 创造最佳美感

五颜六色的汽车防爆太阳膜可以改变车窗玻璃都是白色的单一色调，给汽车增添美感。

2. 防爆防振

减少意外伤害；构筑"隐形防盗网"保护私人财产。

3. 提高空调效能

汽车防爆太阳膜的隔热率可达 50%~70%，能有效地降低汽车空调的使用，节省燃油，提高空调效率。

4. 防止紫外线辐射

优质的汽车贴膜能够有效防止紫外线的直接照射，可防止车内设施褪色和龟裂，减少炽热，节省能源，防止汽车和车主"晒伤"，如图 4-2-1 所示。

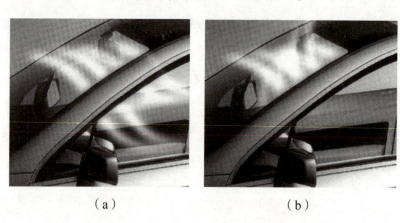

（a）　　　　　　　　　　（b）

图 4-2-1　汽车贴膜与未贴膜效果比较

（a）未贴膜；（b）贴膜后

5. 有效防止眩光

汽车贴膜能够过滤部分眩光，减弱可见光的强度，改善车主行车时的视线，让进入眼球的光线更柔和。

6. 保证乘车隐秘性

防爆太阳膜的单向透视性可以遮挡来自车外的视线，营造私密空间，增强隐蔽性、防盗性。

二、汽车防爆太阳膜的结构及特点

1. 基本结构

不同的车膜结构差异较大，即使同为防爆太阳膜，其结构也不尽相同。例如，3M 汽车防爆太阳膜主要由透明基材、"易施工"胶膜层、感压式粘胶层、隔热膜层、安全基层及耐磨外层组成，如图 4-2-2（a）所示。Liumar 防爆太阳膜主要由保护膜、防粘层、安装胶、紫外线吸收剂、深层染色聚酯膜、合成胶、金属层、防划伤层等组成，如图 4-2-2（b）所示。

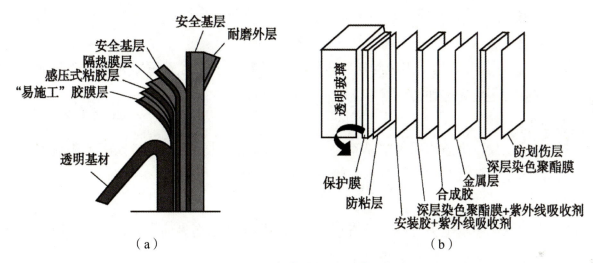

（a）　　　　　　　　　　　　　（b）

图 4-2-2　汽车防爆太阳膜结构

（a）3M 型；（b）Liumar 型

2. 特点

1）抗磨性：抗磨层由耐磨聚氨酯组成，硬度高达 4H。

2）高透视性：如 3M 8003MT 型全新高透视，高隔热永久稳定的 C. S. film 基材技术取代传统 PET 基材技术，具有不褪色、不起泡、不变质、永久稳定的性能。

3）隔热性：金属隔热层是在 PET 膜上通过真空蒸镀或真空磁控溅射金属铝、银、镍等对红外线有较高反射率的纳米级金属层。

4）复合胶粘剂：由耐候性良好高透明的聚氨酯胶粘剂组成。

5）紫外线阻隔性：UV 吸收层由特种 UV 吸收剂构成，可阻隔 99% 紫外线。

6）金属安全：基层由高强度、高透明 C. S. film 基材组成，目的是将金属层夹在中间，防止金属氧化，延长了金属膜的寿命，如 3M 8003MT 型金属安全基层。

7）安装胶粘剂：由耐候性良好高透明的丙烯酸酯胶粘剂组成。

三、汽车太阳膜的鉴别与选购方法

汽车膜的质量评价指标：不褪色、不起泡、不剥离、不脱落、正常使用、无划伤。

1. 汽车太阳膜的鉴别方法

（1）看

1）看透光率。首先要看透光率。不论太阳膜的颜色深浅，在夜间的可视距离都要确保在 60 m 以上。裁一小块膜下来，对着光亮的地方照一照，清晰度高的就是好膜，劣质膜看上去有一种雾蒙蒙的感觉。

2）看颜色。防爆太阳膜通常不易变色，低档劣质防爆太阳膜，不耐晒很易褪色，严重的会褪成无色透明。

3）看气泡。撕开防爆太阳膜的塑料内衬后再重新合上，劣质防爆太阳膜会起泡，而优质防爆太阳膜合上后完好如初。

（2）闻

撕开保护层后，劣质防爆太阳膜闻起来有一股刺鼻的味道，而高档防爆太阳膜采用的是环保胶，基本上没什么味道，或是有一股淡淡的胶水味。

（3）摸

高档防爆太阳膜摸上去有厚实平滑感，长期使用不会划伤表面。普通防爆太阳膜手感薄而脆，缺乏足够的韧性，容易起皱。

（4）试

对于防爆太阳膜的隔热性只凭肉眼看和手摸是很难鉴别的，可以通过一个简单的测试方法做比较：在一个碘钨灯上放一块贴着防爆太阳膜的玻璃，用手感觉不到一丝热的是优质防爆太阳膜，而立即有烫手感觉的是隔热性较差的劣质防爆太阳膜。

（5）擦

用一点酒精或是汽油擦拭一下膜的表面。劣质膜一擦很容易褪色，高档膜则不容易褪色。

2. 汽车太阳膜的选购方法

1）隔热性：汽车贴膜最主要的功能就是要隔热，好的汽车防爆太阳膜是通过反射红外线来达到降低车内温度目的的。在选购时，除了可以通过规范的隔热率等指标来了解防爆太阳膜的好坏外，还可以用直观的方法来判断，即用贴了膜的玻璃挡住太阳，用手去感觉一下其隔热效果。

2）防爆性能：劣质防爆太阳膜手感很软，缺乏足够的韧性，不耐紫外线照射，易老化发脆。而好的防爆太阳膜，在玻璃被击碎时也能粘住破碎的玻璃，使碎块不会飞溅伤人。

3）紫外线阻隔率：优质膜这个指标一般不低于98%，高的可达99%。高紫外线阻隔率不仅能有效防止乘员被过量的紫外线照射，灼伤皮肤，还能保护车内音响等装饰不会被晒坏。而劣质膜很多没有这一指标，或者远远低于98%的标准。

4）颜色：这是很多顾客在选择防爆太阳膜时很在意的一个标准，总的要求是选择适合车的颜色。有些劣质车膜的颜色易褪色和脱色，在选购时不能掉以轻心。

颜色挑选时，要与汽车的颜色、类型相符。通常说来，深色的商务车、豪华车较适合深色太阳膜，动感、亮丽、居家的车更适合浅色太阳膜。

一般浅色膜透光率的确比深色好，但是其隔热效果与膜的质量关系比较大，跟颜色并不成正比，颜色深，遮挡了一些可视光，并不一定能遮挡紫外线。所以，从行车安全性考虑，建议挑选浅色防爆太阳膜。可以通过"试贴"来选择适合车颜色的防爆太阳膜。

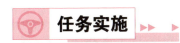

任务实施 ▶▶ ▶

车窗贴膜

一、安全与防护

汽车美容技师要根据工作性质和有害因素的不同，合理选用劳动保护用品。

二、车身表面检查

在进行汽车车窗防爆太阳膜操作前一定要做好检查记录工作，相关内容与本课题任务一任务实施环节的"（二）车身表面检查"相同，这里不再赘述。

三、贴膜工具的选用

专业的贴膜工具一般包括裁膜工作台、烤枪、美工刀、各式刮板、毛巾、吸水布、喷壶、净水器等。除了这些贴膜工具外，还有专项使用的保护用品，主要包括纯棉大毛巾、保护座套、门板保护套、脚踏垫等，如图4-2-3和图4-2-4所示。这些用具的主要作用是保护汽车漆面，防止电路进水，防止弄脏其他内饰品。

图 4-2-3 烤枪

图 4-2-4 各式刮板

四、汽车车窗防爆太阳膜施工

1. 选膜

根据客户需求选择隔热膜类型，前风窗玻璃应为浅色，车窗及后风窗玻璃根据客户需求选择。

2. 清洁车窗玻璃

用毛巾细致擦干净车窗内外玻璃的灰尘，用遮蔽膜配合专用胶带对汽车内部电气部位及车内门板、窗边进行遮蔽，发动机舱盖铺好毛巾，避免在贴膜中不小心刮花，如图 4-2-5 所示。

图 4-2-5　清洁车窗玻璃

3. 放样

按照车窗尺寸要求对客户已确认的防爆太阳膜进行预切割，裁膜时注意多裁 2 cm，如图 4-2-6 所示。

（a）

（b）

图 4-2-6　放样裁剪

（a）放样；（b）裁剪

4. 烘烤定型

由于汽车前后风窗玻璃的弧度较大，在贴之前需要烤型；这是汽车玻璃贴膜中最重要的环节，弧度越大的玻璃烤型越难。

1）用烤枪对隔热膜进行烘烤整形，收缩定型，在定型完毕后进行切割。

2）烤膜时必须控制好温度，并注意手法，如掌握火候不足，轻则会烤焦防爆膜，重则造成玻璃表面受热不均，从而导致玻璃爆裂。

3）有必要操控好温度，并注意方法，如把握火候缺乏，重则形成玻璃外表受热不均，然后致使玻璃爆裂；轻则会烤焦防爆膜。

4）烤枪温度控制：一般温度控制在450℃~500℃。

前风窗玻璃烘烤定型如图4-2-7所示。

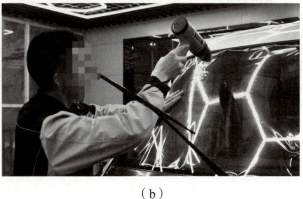

（a）　　　　　　　　　　　　　（b）

图4-2-7　前风窗玻璃烘烤定型

5. 裁边切割

裁边切割拿捏要准确，刀片要锋利，有利于把握力度防止刮花玻璃，前后风窗玻璃要多裁1~2 cm，多余的留边则可塞进侧窗缝隙内，如图4-2-8所示。

图4-2-8　裁边切割

6. 上前挡膜

1）用润滑剂冲洗前挡内玻璃应用毛巾铺好，以防漏水时烧坏电路板，完成后撕去保护膜。

2）润滑剂冲洗清洁玻璃内侧，除去防爆太阳膜保护层并将膜贴在玻璃内侧。

3）上膜时，首先膜一定要与玻璃齐平，4个角除了首先贴好一角外，双手各握一角，剩下的那个角则用嘴唇含住，双手端平，一气呵成。

上前挡膜如图4-2-9所示。

（a） （b）

图4-2-9 上前挡膜

（a）上膜前准备；（b）上膜

7. 干水

前挡干水十分重要，任何的水纹或水泡都会影响驾驶。前挡干水用软刷，后风窗干水用硬刷，用软刷收边，如图4-2-10所示。

8. 收边

收边时要清除掉润滑剂和水，配合吸水纸并仔细检查边角的水纹和气泡，如图4-2-11所示。

图4-2-10 干水 **图4-2-11 收边**

9. 后风窗玻璃清洁、粘贴

后风窗玻璃粘贴如果有高位制动灯，需要提前拆卸下来，这样就不用预留位置了，一整块膜贴上去后再安装高位制动灯即可，这么做既美观、方便，又不影响安全，还是可以很清楚地看到制动灯，如图 4-2-12 所示。

提示：后风窗玻璃有除雾加热电阻丝，野蛮操作会损坏部分电阻丝。

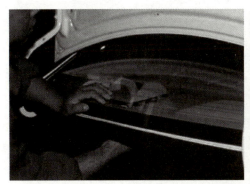

图 4-2-12　后风窗玻璃清洁、粘贴

10. 粘贴质量检查

一是检查粘贴是否牢固，尤其是边角部位，不能出现直角边，边角部位要以圆弧过渡；二是检查有无气泡；三是检查车膜有无褶皱；四是检查有无刮痕；五是检查膜内有无脏点，如发现问题应立即返工。

11. 除遮蔽膜

再次清除车窗及车身遗洒的水渍，并且清洁客户内饰，提醒客户七日内不要升降玻璃，并在玻璃升降器开关部分粘贴贴膜小贴士。用车提示：

1）一周内不要擦拭。新贴车膜后，如果出现雾气等情况，车主不要去擦拭，原理同上，尽量不要触碰车膜，防止位移。

2）防止划、刮、挂。尽量避免硬物对车膜的损伤。尽量少用吸附类的玩具或遮阳板吸附在车膜上。

四、竣工检查

在光线照射充足处，对汽车玻璃防爆太阳膜表面进行竣工检查，要求表面没有污渍、没有水分残留、没有气泡，光亮整洁，玻璃表面透亮、光洁度高。

防爆太阳膜粘贴质控措施见表 4-2-1。

表 4-2-1　防爆太阳膜粘贴质控措施

选膜	贴膜操作	贴膜后
1. 车膜与车身颜色和谐； 2. 测隔热效果； 3. 查清晰度； 4. 试柔韧性； 5. 试颜色	1. 清洗玻璃； 2. 无尘环境贴； 3. 前后风窗玻璃必须要整张贴； 4. 贴完膜后仔细观察； 5. 向店家索要贴膜保证卡	1. 贴膜后，不急于开冷气，也不要暴晒； 2. 玻璃上有雾气、水纹或气泡，返回到贴膜的店内处理； 3. 在贴膜后 7 天内不要开车窗，不要洗车； 4. 不要把粘贴性物品直接贴到膜上； 5. 在贴膜 2~3 周后可以对膜的表面进行清洗

 任务实施记录工单 ▶▶ ▶

汽车玻璃膜张贴

一、车辆信息记录

品牌		车型	□轿车　□SUV　□MPV
车辆识别码			

二、汽车玻璃膜张贴前外观检查

检查项目	外观描述
前后风窗玻璃及刮水器	
车窗（车门车窗、天窗）	
车身（发动机舱盖、前后翼子板、前后保险杠、车门、车顶）	

三、汽车玻璃膜张贴后外观检查

检查项目	外观描述
前后风窗玻璃及刮水器	
车窗（车门车窗、天窗）	
车身（发动机舱盖、前后翼子板、前后保险杠、车门、车顶）	

四、汽车玻璃膜张贴所需材料

汽车车身表面保护膜张贴所需材料	

任务实施考核标准与学习评价 ➤➤ ▶

汽车玻璃膜张贴任务评价表

学生姓名		开始时间		结束时间		得分		
实施步骤	工作内容	序号	考核评价要求			标准分	扣分	扣分原因
一	安全防护	1	工作中正确使用安全防护用品（检查首饰等饰品）			4		
二	验车	1	环检车辆，检查车辆有无损失和瑕疵			4		
三	放样裁剪	1	整张安装，不能拼凑			4		
		2	裁膜准确度			4		
四	清洁	1	清洗张贴部位			4		
五	汽车玻璃膜装贴	1	膜面划伤			5		
		2	尘点			5		
		3	折痕			5		
		4	气泡			5		
		5	胶印膜材的边缘粘贴完好			5		
		6	无起边现象			5		
		7	是否用毛巾或遮挡膜铺好保护汽车电气部分，以防漏水时烧坏电路板			5		
		8	粘贴的玻璃无明显的漏光现象			5		
		9	车窗玻璃的上缘线是否与膜材的边缘保持基本平行			5		
		10	刀线是否平滑			5		

续表

六	粘贴质量检查	1	拼接时刀法必须精确，不得出现两次以上未对齐现象	7		
		2	最下沿的膜材粘接必须仔细检查，不得出现残留水夹在膜材与玻璃之间	7		
		3	不得有密集的沙点及气泡	6		
七	安全生产	1	安全操作	4		
		2	场地清理	3		
		3	工具归位	3		

拓展提升

一、贴膜时避免沙粒的措施

1. 水

贴膜时所用的水一定要经过过滤或沉淀。有 70% 以上的施工人员直接使用自来水，未经过滤或沉淀的自来水管路里有许多杂质，如沙粒。

2. 灰尘

在室外贴膜，大小汽车呼啸而过，激起许多灰尘，有时风速较大时也有灰尘，因此，若没有密闭室内，须关闭所有车门贴膜。

3. 工作衣服

穿防静电工作服，揭开太阳膜时会产生大量静电，贴膜时衣服上的棉絮或羊毛会被静电吸到膜面上。

4. 保持贴膜表面干净

粘贴时，裁剪好的太阳膜经常放置于汽车脚垫、椅套上，或放于车顶、发动机舱盖上，造成内外不干净，亦因静电关系揭开太阳膜时附着在外表的灰尘会吸到膜表上面，在未揭开太阳膜时，贴膜必须洗净或表面喷一些水，可防止灰尘及沙粒吸附。

玻璃洗好之后或拆开膜时不可让车外人员随意开关车门，有时用力开关车门会造成空气快速流通带入大量灰尘或沙粒。

5. 冷气风速调低贴膜

夏天是隔热纸旺季，在车内开冷气贴膜，冷气风速过大使车内物品之灰尘到处快速飞动。在揭开太阳膜时应将冷气风速减调到最低。

6. 采用正确刮水方式清洗玻璃

刮水清洗玻璃有固定方式，若随便刮水，或刮水断断续续或不知收尾都会残留沙粒。

7. 注意车内物体

揭完膜，喷过水，欲往玻璃上贴膜时，会粘到仪表板、转向盘、后视镜、椅套、玻璃框或顶篷、音响等，可能会粘到脏物。

8. 勿大幅移动贴膜位置

揭完膜，喷好水，准备贴膜时，位置要尽量准确，若贴上去之后发现位置差很多，再移动会粘到玻璃四周物体。

9. 赶水方向

贴膜之后下一个动作是赶水。赶水是从中间部位向周围赶水，尽量让赶水的距离足够短，同时把水赶到边缘部位，配合吸水纸作业，以免水往下流带动沙粒下来。

10. 勿再掀开贴膜

贴太阳膜后不宜再掀起，掀起次数越多，贴上沙粒的可能性越大。

二、专业汽车贴膜技术规范与要求

1. 有专用无尘贴膜间

无尘贴膜间内部应设有水雾喷淋头和空调以达到空气除尘的作用，地面有排水地沟，并涂上专用涂料，进一步起到降尘作用。

2. 有专用工作台

专用工具整齐摆放在工作台上。专业的贴膜工具分类清晰，易于辨认。

3. 外观质量评判标准

1）应该覆盖玻璃边框的黑色釉点区，不漏光，不翘边，美观协调。

2）不应该存在因赶水用力不均匀和赶水路径无规则而产生的视觉重影、水痕。

4. 安装工艺技术

专业的贴膜师应经过生产厂商技术培训（店内应悬挂培训证书），贴前后风窗玻璃时应采用整张铺贴和干法热定型工艺，太阳膜应最大化地贴到车窗的边缘等。

5. 有安装时防护措施

防止在安装过程中刮花漆面，损伤车内装饰品，造成车内电器因受潮而短路失效；避免

因安装车窗膜而座椅受潮损伤、仪表板表面意外刮伤或因受潮而失灵。

6. 应该使用专用贴膜清洗液和安装液

使用时，用纯净水兑稀，使太阳膜与玻璃达到最大黏结强度，不出现翘边、脱层等缺陷，达到长期的质保效果。非专业店通常使用家用清洁剂、普通皂液和自来水，不可能提供专业的贴膜服务和质保期。

1) 膜内不应存在疵点和杂物，膜面不能有折痕、气泡、划伤、污点、疵点和杂物。

2) 在下摇式车窗顶部，只应留下 1~2 mm 的间隙，以粗略观察不容易发现为宜。

课题五

汽车装饰

汽车装饰是以舒适、美观、享受为最终目的的，在不改变汽车本身功能和结构的前提下，通过加装或改装前保险杠、后保险杠、大包围、导流板、扰流板、车窗等外饰件，以提高汽车表面美观性；或通过改装真皮座椅、增加一些附属的物品，以提高汽车内室的舒适性，从而使汽车更加亮丽、时尚、豪华，以满足人们审美和个性化的需求。根据汽车被装饰的部位不同，本课题将从汽车车身装饰、汽车饰品的安装、汽车内饰修复与更换三方面展开。

 任务一　汽车车身装饰

 学习目标

知识目标

1. 了解汽车车身包围装饰的内容。

2. 理解汽车车身贴饰的类型和要求。

3. 了解汽车车身装饰的安装工艺流程。

技能目标

1. 能够正确识别、选用汽车车身装饰用品。

2. 能够正确使用和维护汽车车身装饰安装设备。

3. 能按规范进行汽车车身美观贴饰、保护贴饰的安装。

素养目标

1. 通过安全与防护知识的学习，培养安全生产的意识，提高学生对安全发展理念的认识。

2. 通过学习汽车车身装饰的安装，培养学生一丝不苟、精益求精的工匠精神。

3. 通过汽车车身装饰任务完成，培养学生良好的职业道德与行为操守。

汽车车身装饰的内容十分丰富，分布在汽车车身的每个角落，一般因车主个性不同而突出美观、实用、与众不同等特色。有改变车身外部形态的装饰，如车身大包围装饰、各种车身贴饰；有改变汽车行驶安全性的装饰，如导流板、扰流板和护杠装饰、防擦条装饰、犀牛皮装饰等；有改变汽车乘坐舒适性的装饰，如门窗上的晴雨挡装饰、静电带装饰等。在汽车车身装饰中，有些较小部位，看起来装饰量不大，若装饰起来，也非常显眼。

一、汽车车身大包围装饰

汽车车身大包围是车身下部宽大的裙边装饰，给人以雍容气派、热情奔放之感，还可以改善车身周围的气流对运动中的车身稳定性的影响，如图 5-1-1 所示。

1. 汽车车身大包围的组成

汽车车身大包围由前包围、后包围和侧包围组成。前、后包围有全包围式和半包围式两种。全包围式是先将原来的保险杠蒙皮拆除，然后加上新的大包围组件，或将大包围组件覆盖在原保险杠蒙皮表面；半包围式是在原来保险杠蒙皮的下部附加一套装饰件，可以不用拆除原车的保险杠蒙皮；侧包围是在车身侧下部加装包围组件，主要是在车门

图 5-1-1 汽车车身大包围

槛位置进行装饰。汽车的大包围可以在保险杠蒙皮、中网、发动机舱盖、门槛、行李箱等多处进行装饰。

2. 汽车车身大包围的设计原则

1）安全性原则。汽车安装大包围后绝不能影响整车性能和行车安全，设计中要考虑路面状况及原车的减振性能。

2）标准性原则。设计的大包围组件要符合国家有关规定。

3）协调性原则。各包围件的造型和颜色要与车身相协调。

4）整体性原则。将汽车的前、后、左、右包围件作为一个整体进行设计。

5）观赏性原则。设计的大包围组件要美观大方，符合消费者审美需求。

3. 车身大包围装饰的注意事项

1）汽车是否加装大包围，要根据使用的实际情况来决定，只有在较为平坦且良好的道路上行驶的车辆才能加装大包围。

2）尽可能不要选用需要拆掉原车保险杠才能安装的大包围，因为玻璃钢材质的大包围的抗撞击能力比较差。所以，仅将原保险杠包围在其中的大包围就不会影响车辆的牢固性。如果一定要选用拆除原包围，可设法将原保险杠中的缓冲区移植到玻璃钢包围中，以起到适当的保护作用。

二、导流板与扰流板

汽车高速行驶时在轿车底盘下的气流会钻进车体底部不同形状的漏口里，由此而产生阻力，阻碍轿车行进。当气流通过轿车底部时，可对车体前部和发动机底部产生压力，这种压力使车体前端产生略微向上抬起的提升力，导致轮胎抓地能力降低，从而影响轿车转向的控制能力。导流板与车身前裙板连成一体，能减少涡流的产生，减小前端阻力；同时减少进入车辆下部的空气总量，降低车底气压和前端提升力。

1. 导流板与扰流板概念

（1）导流板

为了减少轿车在高速行驶时所产生的升力，汽车设计师除了在轿车外形方面做了改进，即将车身整体向前下方倾斜而在前轮上产生向下的压力，将车尾改为短平减少从车顶向后部作用的负气压而防止后轮飘浮外，还在轿车前端的保险杠下方装上向下倾斜的连接板。连接板与车身前裙板连成一体，中间开有合适的进风口加大气流度，减低车底气压。这种连接板就是轿车前部保险杠下方的抛物形风罩，也就是导流板，如图5-1-2所示。

图5-1-2 汽车导流板

（2）扰流板

扰流板指在轿车行李箱盖上后端做成像鸭尾似的突出物，将从车顶冲下来的气流阻滞一下形成向下的作用力，这种突出物称为扰流板，又称"汽车扰流器"或"汽车扰流翼"。图5-1-3（a）所示为汽车扰流板；而"汽车尾翼"则是安装在轿车后厢盖上的，如图5-1-3（b）所示。扰流板能阻滞从车顶冲下来的气流，从而形成向下的作用力，减少车辆尾部的升力，提高行车安全性。

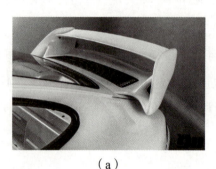 

（a）　　　　　　　　　　　　　　　（b）

图5-1-3　汽车尾翼

（a）汽车扰流板；（b）汽车尾翼

有些旅行轿车的顶盖后缘安装扰流板，使顶盖上一部分气流被引导流过后窗表面。这样既可使后窗后部的升力降低，又可引导气流将后窗表面浮尘消除，避免尘污附着而影响汽车后视野。在许多普通轿车上，也装有扰流板。其实这些车的速度都不是很高，扰流板难以发挥实际作用，美化车身外观成了装扰流板的最大目的。

2. 导流板与扰流板的作用

1）改善车型外观。扰流板优美的造型能使车身的流线型更加突出，使车身外部看起来更为美观。

2）提高汽车行驶稳定性。高速行驶汽车的车轮与地面的附着力会随着车速的提高而逐渐降低，从而引起车轮发飘，使汽车行驶稳定性下降。在汽车车身的前、后端安装导流板与扰流板，可显著改善车辆的空气动力学性能，从而保证汽车的安全行驶。

3. 导流板和扰流板材料选择

1）玻璃钢。这类尾翼造型多样，有鸭舌状的、机翼状的，也有直板式的，比较好做造型，不过玻璃钢材质比较脆，韧性和刚性都不大，价格比较便宜。

2）铝合金。这类尾翼导流和散热效果不错，而且价格适中，不过质量要比其他材质的尾翼稍大些。

3）碳纤维。这类尾翼刚性和耐久性都非常好，不仅质量小，还是最美观的一种尾翼，现在广泛被F1赛车采用，不过价格比较昂贵。

4. 扰流板的安装方式

扰流板的安装方式主要有粘贴式和螺栓固定式两种。

1）粘贴式：可避免破坏行李箱盖且不会漏水。

2）螺栓固定式：固定牢固，但因有钻孔会破坏行李箱盖的表面，且安装不好时会发生漏水现象。

三、汽车护杠装饰

加装汽车护杠，是越野车最基本的改装项目，此外，越来越多的旅行车、平头面包车、货车也选配了护杠。护杠一方面能够在事故当中缓冲撞击力，保护车身，另一方面还使车辆具备鲜明的个性。护杠从结构上可以分为前杠、侧杠（或称侧踏板）和后杠 3 类。

1. 前杠

前杠又分为 U 形和护灯两类。

1）U 形前杠。结构简洁，可以保持车型原有的面貌，几乎什么车都可以用，但它只能防御正面的撞击，不能抵挡来自斜前方的撞击，如图 5-1-4 所示。

2）护灯前杠。可以全方位地保护汽车前部，包括车灯和泵把，抵挡来自正面和斜前方的撞击。车主在转弯过程中如果判断错误，转弯角度不够而导致车辆撞击障碍物，护灯前杠可以有效地保护车身，如图 5-1-5 所示。

图 5-1-4 U 形前杠

图 5-1-5 护灯前杠

2. 侧杠

侧杠又称边杠，如图 5-1-6 所示，是用螺栓固定在车的两侧车门下方的长管。其功能是方便驾乘人员上下车，当车主需要放置东西到车顶的时候，它还可以充当垫高物。同时，侧杠可以起到轻微的防侧撞保护作用，越野车在山地行驶时，侧杠也可以顶住一部分山石对车辆的破坏。在越野比赛中车辆极度倾斜时，可以让人员踩在车高一面以防止车辆翻车，起到保持车辆平衡作用。此外，侧杠还能起到挡泥和装饰车身的作用。

侧杠有粗细之分，以及越野车专用和微型车专用之分，主体材料一般为不锈钢，为了实

用和美观，还以塑料件或铝管装饰。越野车的底盘高，而且结实，可以安装粗管，微型车底盘低，轮距短，只适合安装细管。安装时注意侧杠不能低于车架，否则会影响车辆的通过性。

3. 后杠

后杠（图5-1-7）的作用一方面起到防护功能，另一方面可以通过杠体中央的拖车方口安装一个拖车钩，为同行者提供救援保障。后杠可分为单轴、双轴和无轴3种，即油桶架、备胎架的选装方式。

后杠的材料与前杠相同，具有极强的硬度和极好的韧性。

图 5-1-6　侧杠

图 5-1-7　后杠

四、金属饰条及车轮饰盖

1. 金属饰条

目前的金属饰条的材料主要有镀铬、金属铝片、钢片冲压等材料，主要用于灯眉、灯尾、后门装饰条等部分，增强爱车的金属感。

对于加装金属饰条，可将3种金属结合起来灵活运用。例如，后视镜等醒目的部分用镀铬，迎宾踏板等对抗压性要求高的部位可以采用钢板冲压的金属，而扶手箱等次要位置可用喷涂金属色，增强全车的金属感。

2. 车轮饰盖

（1）车轮饰盖的作用

车轮饰盖位于汽车外部的醒目位置，是重要的外装饰件。高品质的饰盖能烘托出整车的造型效果，提高车辆的价值，更能让用户加深对轿车品牌概念的理解。

（2）对车轮饰盖的要求

1）造型优美。因饰盖的位置醒目，如造型欠佳，就会降低整车的装饰效果。

2）质量可靠。必须有足够的强度，结构可靠，装卡牢固，不能轻易掉下。否则，饰盖

132

容易破裂。饰盖破裂掉落后容易引起安全事故。

3）色泽配合要协调。车轮有色泽，整车也有各种颜色，要求装饰的饰盖色泽必须与车轮和整车的协调一致，和谐美观。

（3）车轮饰盖的类型

按材料不同分，车轮饰盖主要有铝合金盖和塑料盖两种。

1）铝合金车轮饰盖具有闪亮的金属光泽及各种各样的外形，价格较高。

2）经电镀的塑料车轮饰盖具有较好的装饰效果，价格较便宜。

（4）车轮饰盖的安装

1）选择质量可靠、色泽协调的车轮饰盖。

2）安装前对车轮及饰盖进行清洁处理，清除尘土污物，使车轮和饰盖清洁、干燥。

3）将车轮饰盖牢固地固定在车轮上，以保证其使用的安全性。

车轮饰盖除了外观装饰，更有其安全特性。车轮饰盖用不锈钢钢丝卡簧和固定支夹固定在车轮轮圈上，合格产品须经过制造商的拆卸力测试，以确保产品的安全性。在选用时要注意饰盖的装配件，如果卡口不紧，弹簧材料不过关，则易导致饰盖脱落，特别是在高速行驶时，脱落饰盖对于行车、行人都是相当危险的，如图5-1-8所示。

图 5-1-8　车轮饰盖

五、车身局部饰件

1. 后视镜

后视镜也可以对车起装饰作用。通常汽车所安装的后视镜都是平面镜，观察物体无变形，符合人的视觉习惯。但是，平面后视镜的尺寸和视野往往过小，有一定的盲区，在下雨天易出现水珠，让驾车者的视野大受限制。目前，许多汽车加装了"无盲点"倒车镜，使用这种倒车镜，可以看到与车宽差不多的范围，方便倒车。另外，还采用经亲水处理的防水珠后视镜，提高雨天的视觉辨认性。

2. 汽车尾梯

尾梯同样可以缓解来自后方的冲击，款式大多以实用为主，如图5-1-9所示。尾梯的材料可以分为不锈钢和铝合金两种，前者防腐性能强，光泽度高，承重能力高，所以在实际应用中最为普及。

3. 晴雨窗罩

汽车车身外形一体设计，流线造型，开窗时可导入大量空气。汽车装饰了晴雨窗罩后，雨天行车，车窗开下大半，雨水仍不会直灌车里；车内吸烟，可摇下车窗；高速行驶时不会狂风吹头；热天停车，可开窗保持空气对流，降低车内温度；晴天遮阳，可防止侧面刺眼强光，如图 5-1-10 所示。

图 5-1-9　汽车尾梯

图 5-1-10　晴雨窗罩

4. 挡泥板

（1）作用

防止行驶途中泥泞或小石子飞溅车身造成污垢和伤害；防止飞起的石子及沙砾打伤车身的漆面；防止泥土溅到拉杆、球头上导致过早生锈。

（2）安装

挡泥板在车上安装的方法有两种：一种是螺钉或拉拔钉固定法，另一种是粘贴法。无论是固定法还是粘贴法都可以按下列方法进行：

1）将要安装挡泥板的位置清洁干净，尤其是使用固定法时，要彻底清除挡泥板凸缘内侧污泥，并做防锈处理，以防安装后因不清洁而生锈腐烂。

2）使用固定法时要用钻头在挡泥板凸缘唇上钻孔以便安装。

3）即使使用固定法，在安装部位也同样要涂硅胶，以便结合紧密，并可防止水分积存而腐烂。

4）将挡泥板装上，用螺钉或拉拔钉固定好。

5）为防止水分积存或渗入接合处造成钣金腐烂，可在挡泥板外缘涂上一层透明的硅胶。

5. 行李架

考虑到长途跋涉的需要，可以在车顶安装行李架。行李架分为安装在车顶的行李架杆和之上的行李架盘两部分，如图 5-1-11 所示。

6. 迎宾投影灯

车门打开后自动点亮，方便用户夜间上下车。例如，雪铁龙汽车 Logo 光影均匀，图像清晰，色泽饱满，持久恒定。设置延时保护，亮灯 1 min 后自动熄灭，环保节能，温馨时尚，提供令人赏心悦目的光影视觉感受，如图 5-1-12 所示。

图 5-1-11　汽车行李架

图 5-1-12　迎宾投影灯

7. 车身密封条

如果车身密封不好，特别是中、低档汽车，可用金属亮条将车门四周密封一下。这种密封条贴上后既可美化车身，又有助于保留车内的冷、热气。

8. 静电带

静电带可以充分释放行车途中产生的静电，完全消除因静电积聚而引起的不适感。

9. 防撞胶

防撞胶可进一步加强车身的防擦抗振功能。使用前应将车身擦净，贴上后轻压一次，3 h 后再压一次，24 h 内避免与水、油类接触。本品可安装在车门上，每门 1 个，一袋 2 片装，起到装饰、防撞的效果。

使用说明：本品背后自带双面胶，撕下贴纸在门边你喜欢的位置粘贴牢固即可。粘贴效果如图 5-1-13 和图 5-1-14 所示。

图 5-1-13　防撞胶

图 5-1-14　防撞迎宾贴

10. 尾管装饰

尾管装饰能够增加整车尾部动感造型，保护汽车防止尾气管变形，同时起到增压及扰流作用，还可在一定程度上减弱尾气管发出的噪声。

11. 寻车器

在锁车状态下，报警功能启动，寻车器产品内部设有振动传感器，有振动或有人动车时，报警器会驱动紧急灯和汽车扬声器报警。车主可以通过原车遥控车匙解除报警状态。当车主按原车钥匙解锁键时，产品会驱动原车灯和扬声器鸣叫，提示车辆停放位置，方便车主寻车。

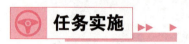

一、安全与防护

汽车美容技师要根据工作性质和有害因素的不同，合理选用劳动保护用品。

二、车身表面检查

在进行汽车车身装饰操作前一定要做好检查记录工作，具体与课题四相同，这里不再赘述。

三、设备、工具和材料准备

冷水高压清洗机 1 台，空气压缩机 1 台，手电钻、切割机、长臂电动螺钉旋具、吸尘机和高压气流发生器等各 1 台，通用维修工具 1 套，车门和座位保护座套；软毛刷 1 只，干净棉布、海绵若干；各种清洁剂、护理剂等若干；1.3 m 胶粘贴、配 3M 助粘剂。

四、汽车车身装饰安装实施操作及技术要求

1. 雾灯装饰条

雾灯装饰条安装操作及技术要求见表 5-1-1。

表 5-1-1　雾灯装饰条安装操作及技术要求

步骤	操作内容	操作步骤	操作技术要求
1	准备工具安全防护	1. 检查产品和工具：雾灯装饰条、清洁抹布、胶带助粘剂； 2. 穿戴安全防护用品	根据要求选择
2	清洁	清洁待安装部位，并涂胶带助粘剂，待风干	粘贴时注意清洁待粘贴部位表面灰层、污渍
3	装贴	揭开胶条保护膜一小段，对准安装部位进行粘贴，注意控制四周距离，边撕保护膜边按压	1. 撕开胶带保护膜时，不要一次撕光，先撕开一小段，粘贴后比对调整后再进行粘贴，直至粘贴完成； 2. 粘贴部位需要助粘剂，粘贴完毕后，为了保持性能，48 h 内不要洗车

2. 后视镜装饰罩加装

后视镜装饰安装操作及技术要求见表 5-1-2。

表 5-1-2　后视镜装饰安装操作及技术要求

步骤	操作内容	操作步骤	操作技术要求
1	准备工具安全防护	1. 检查产品和工具：后视镜装饰罩、清洁抹布、胶带助粘剂； 2. 穿戴安全防护用品	根据要求选择
2	清洁	清洁待安装部位，并涂胶带助粘剂，待风干 注意边角要均匀对称	粘贴时注意清洁待粘贴部位表面灰层、污渍
3	装贴	揭开胶条保护膜一小段，对准安装部位进行粘贴，注意控制四周距离，边撕保护膜边按压 完成图	1. 安装时注意边角要对齐； 2. 撕开胶带保护膜时，不要一次撕光，先撕开一小段，粘贴后进行比对调整，再进行粘贴，直至粘贴完成； 3. 粘贴部位需要助粘剂，粘贴完毕后，为了保持性能，48 h 内不要洗车

3. 后包围装饰亮条加装

后包围装饰亮条安装操作及技术要求见表5-1-3。

表 5-1-3　后包围装饰亮条安装操作及技术要求

步骤	操作内容	操作步骤	操作技术要求
1	准备工具安全防护	1. 检查产品和工具：后视镜装饰罩、清洁抹布、胶带助粘剂、尖嘴钳、2.5 mm 钻头； 2. 穿戴安全防护用品	根据要求选择
2	清洁定位	清洁待安装部位，使用开孔型纸在后保险杠上确定安装孔位	在使用开孔型纸定位时，可先在型纸背面贴双面胶，将其固定在正确位置，方便确定孔位
3	开孔	使用2.5 mm钻头，在确定位置上开方形槽	注意用力与位置准确性
4	安装	将后包围装饰亮条上的安装柱依次插入方形槽中，使用尖嘴钳在后保险杠背面向上折弯支架，使之固定在原车后保险杠上	折弯支架时，使用尖嘴钳在后保险杠杠背面向上折弯

4. 后包围装饰托板安装

后包围装饰托板安装操作及技术要求见表5-1-4。

表 5-1-4　后包围装饰托板安装操作及技术要求

步骤	操作内容	操作步骤	操作技术要求
1	准备工具 安全防护	1. 检查产品和工具：后视镜装饰罩、清洁抹布、胶带助粘剂、手枪钻、3.2 mm 钻头、6.5 mm 钻头、十字螺钉旋具、套筒； 2. 穿戴安全防护用品	根据要求选择
2	清洁定位	1. 清洁待安装部位； 2. 将开孔型纸按正确位置贴在原车尾部，使用 6.5 mm 钻头； 3. 在原车尾部两侧胶带粘贴部位，涂助粘剂，待风干	1. 粘贴时注意清洁待粘贴部位表面灰层、污渍； 2. 在使用开孔型纸定位时，可先在型纸背面贴双面胶，将其固定在正确位置，方便确定孔位
3	开孔	1. 将后包围托板上的安装柱依次插入后包围上的安装孔内； 2. 撕开胶带带保护膜，边撕边按压，使其完全粘贴在原车尾部	注意用力与位置的准确性

续表

步骤	操作内容	操作步骤	操作技术要求
4	安装	1. 依照产品侧边孔位，钻 3.2 mm 孔，用扁头自攻螺钉把后包围装饰托板固定在原车后保险杠上； 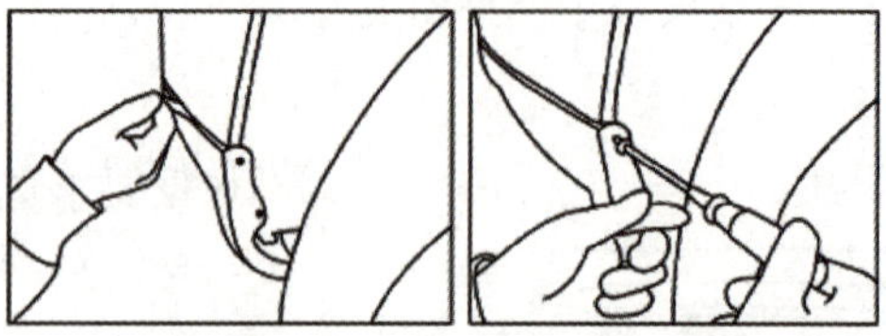 2. 在原车后保险杠背面，使用 M6 法兰螺母加 6 mm×18 mm 平垫片紧固后包围装饰托板 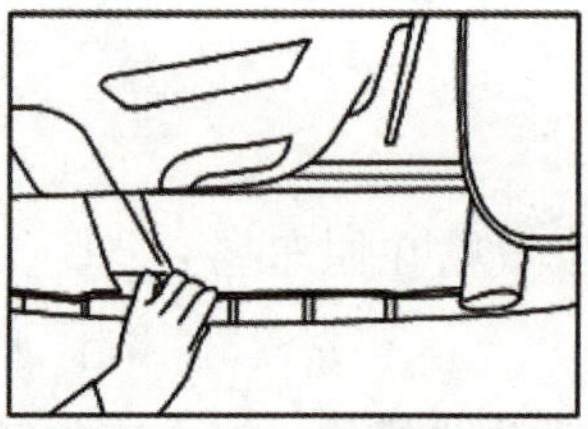 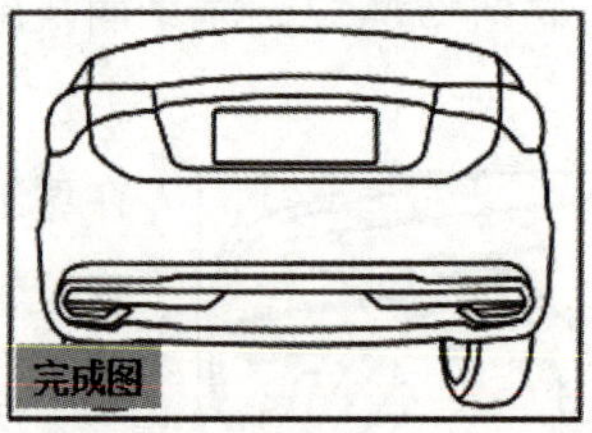	1. 撕开胶带保护膜时，不要一次撕光，先撕开一小段，粘贴后进行比对调整再进行粘贴，直至粘贴完成； 2. 粘贴部位需涂助粘剂，粘贴完毕后，为了保持性能，48 h 内不要洗车

5. 汽车导流板安装

汽车导流板安装操作及技术要求见表 5–1–5。

表 5–1–5　汽车导流板安装操作及技术要求

步骤	操作内容	操作步骤	操作技术要求
1	准备工具安全防护	1. 检查产品和工具：后视镜装饰罩、清洁抹布、胶带助粘剂、手枪钻、3.2 mm 钻头、6.5 mm 钻头、十字螺钉旋具、套筒； 2. 穿戴安全防护用品 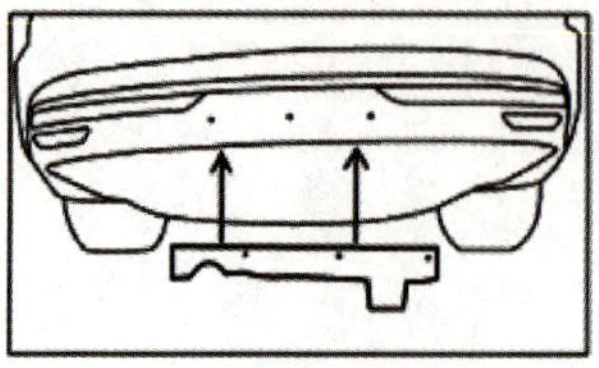	根据要求选择

续表

步骤	操作内容	操作步骤	操作技术要求
2	拆卸	拆下前保险杠下部的车身板件	根据要求操作
3	定位	在前保险杠的下面换上新导流板，并与两个轮罩对中	保证导流板前面的上缘落在前板的里边
4	夹紧	用台虎钳夹把导流板的边角夹紧到轮罩上	根据要求操作
5	打孔	1. 将前车身板件的安装孔用画线方法转到导流板上； 2. 用画线方法将导流板端部的安装孔转到轮罩上； 3. 用钻头钻 6 个孔，穿过金属薄板和导流板	根据要求操作
6	安装	用螺栓松弛地将导流板安装就位	检查是否正确对中
7	紧固	1. 拧紧所有紧固件（共 6 个）； 2. 在轿车前端的保险杠下方装上导流板； 3. 在轿车行李箱盖上后端装上扰流板等	根据要求操作

6. 汽车扰流板安装

汽车扰流板的螺栓固定式安装操作及技术要求如表 5-1-6 所示。

表 5-1-6　汽车扰流板的螺栓固定式安装操作及技术要求

步骤	操作内容	操作步骤	操作技术要求
1	准备工具安全防护	1. 检查产品和工具：后视镜装饰罩、清洁抹布、胶带助粘剂、手枪钻、3.2 mm 钻头、6.5 mm 钻头、十字螺钉旋具、套筒； 2. 穿戴安全防护用品 	根据要求选择
2	打孔	先在行李箱盖上找到适合的位置，再与扰流板上的螺栓孔配合，做好记号，在行李箱盖上打贯穿孔	根据要求选择合适位置

续表

步骤	操作内容	操作步骤	操作技术要求
3	注胶	在钻孔位置与扰流板接合处注上硅胶以防漏水	根据要求操作
4	夹紧	将固定螺栓由行李箱内侧往外固定锁紧	根据要求操作

五、竣工检查

在光线照射充足处，对汽车车身装饰表面进行竣工检查，要求表面没有污渍、没有水分残留、没有气泡，光亮整洁，玻璃表面透亮、光洁度高。

 任务实施记录工单 ▶▶ ▶

汽车车身装饰安装

一、车辆信息记录

品牌		车型	□轿车　□SUV　□MPV
车辆识别码			

二、汽车车身装饰安装前外观检查

检查项目	外观描述
前后风窗玻璃及刮水器	
车窗（车门车窗、天窗）	
车身（发动机舱盖、前后翼子板、前后保险杠、车门、车顶）	

三、汽车车身装饰安装后外观检查

检查项目	外观描述
前后风窗玻璃及刮水器	
车窗（车门车窗、天窗）	
车身（发动机舱盖、前后翼子板、前后保险杠、车门、车顶）	

四、汽车车身装饰安装所需材料

汽车车身装饰安装所需材料	

 任务实施考核标准与学习评价

汽车车身装饰任务评价表

学生姓名		开始时间		结束时间	得分	
实施步骤	工作内容	序号	考核评价要求	标准分	扣分	扣分原因
一	安全防护	1	工作中正确使用安全防护用品（检查首饰等饰品）	5		
二	验车	1	环检车辆，检查车辆有无损失和瑕疵	5		
三	定位	1	定位准确度	5		
四	清洁	1	清洁装贴部位	5		
五	汽车车身装饰	1	车身装饰损伤	6		
		2	尘点	6		
		3	翘脚	6		
		4	错位	6		
		5	胶印	6		
		6	影响原效果	6		
		7	包边	6		
		8	装饰层划伤	6		
		9	装饰层断裂	6		
		10	车身装饰效果	6		
六	安全生产	1	安全操作	10		
		2	场地清理	5		
		3	工具归位	5		

拓展提升 ▶▶ ▶

导流板与扰流板安装的技术标准及要求

1）汽车是否加装导流板，要根据汽车经常行驶的道路情况而定。加装导流板后，汽车的最小离地间隙变小，只适合在平坦和路况良好的道路上行驶，如果汽车经常要在不平的路面上行驶，不建议加装。

2）是否加装扰流板要看车型。实际上，汽车在低速时，气流对汽车的影响较小，扰流板的作用根本不大，所以经济型轿车装扰流板益处不大。非但无益，将扰流板这么大的突出物安装在汽车尾部，反而会增大风阻，因此加装扰流板带来的直接后果是油耗上升。经济型轿车考虑得更多的是经济性，所以，对于以经济性为主、车速又不是很高的经济型轿车来说，装一个不常用甚至根本用不到的东西，还要增加金钱的付出，这种做法完全和车的定位相悖。当然为了美观的目的除外。

3）尽可能加装生产商认可的导流板和扰流板，因其形状尺寸是通过精确计算而确定的。只有这样，其空气动力学特性才能发挥出来（扰流板过大或过小都起不到应有的作用，甚至会增加车辆的行车阻力）。

4）为了充分发挥扰流作用，使没有乱流的气流直接作用在扰流板上，必须将扰流离开车身表面安装。

5）扰流板的主要作用是减少车辆尾部的升力，如果车尾的升力比车头的升力大，就容易导致车辆过度转向、后轮抓地力减少及高速稳定性变差。

任务二 汽车饰品的安装

学习目标 ▶▶ ▶

知识目标

1. 了解汽车内饰品的安装原则。

2. 认识汽车香薰类用品的分类与产品特性。

3. 认识汽车座套的分类与产品特性。

4. 认识汽车转向盘装饰品的产品特性与安全事项。

5. 认识汽车脚垫的分类、产品特性与安全事项。

6. 了解儿童安全座椅的分类、使用方法与安全事项。

7. 了解车载净化器的分类、使用方法与安全事项。

技能目标

1. 能够合理选配香薰除菌类用品。

2. 能够根据车型合理选配和安装汽车装饰品。

3. 能按规范安装汽车座套。

4. 能按规范合理裁剪和安放汽车脚垫。

5. 能够合理选配并规范安装车载净化器。

素养目标

1. 通过安全与防护知识的学习，培养安全生产的意识，提高学生对安全发展理念的认识。

2. 通过学习汽车车身饰品的安装，培养学生一丝不苟、精益求精的工匠精神。

3. 通过汽车饰品的安装任务完成，培养学生良好的职业道德与行为操守。

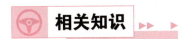 **相关知识**

汽车驾乘舱是驾驶员工作和乘客休息的场所，随着生活质量的不断提高，人们对汽车驾乘舱装饰的品位、所用材质的档次和质量，以及对空间尺寸和乘坐舒适性的要求也越来越高。汽车在设计时对于驾乘舱部件一般采用人体工程学的原理，并充分考虑人的生理和心理反应来确定汽车内部构件的材料和色彩。

汽车内装饰主要是对汽车驾乘舱进行装饰，统称为内饰。随着私家车的普及，时尚、温馨、尊贵渐渐成为车主装饰车内空间的流行与个性的方向。

一、内饰品的安装原则

在布置安装汽车内饰品时，应遵循以下4个原则。

1. 美观协调原则

内饰造型、色彩及质地选用要求能给人带来美感，车内饰品要保持干净、卫生、摆放有序，给人一种轻松、舒适的感觉，饰品的颜色必须和汽车的颜色相协调，不可盲目追求高品位、高价位的东西，以免弄巧成拙。

2. 舒适实用原则

根据车内空间的大小，车内饰品的色彩和质感尽可能地选用一些能体现车主审美情趣、个性的小巧、美观、实用的饰物，如茶杯架、香水瓶、储物盒等，香水要清新，不宜太浓。

3. 行车安全原则

车内饰品绝不能有碍行车安全，如车内顶部吊物不宜过长、过大、过重，后风窗玻璃上的饰物不要影响倒车视线等。

4. 环保健康原则

为了保护乘员健康，汽车环保法规对车内空气污染物浓度进行了限制，对内饰材料的使用和限用提出了高要求。

二、汽车香薰类用品的分类与产品特性

驾乘带着香味的汽车行驶在路上，车子有了香味，人的心情愉悦，用香薰类产品装点爱车已经成为一种时尚。

汽车香薰是利用天然植物精油挥发后释放出能够杀菌的物质，以达到改善车内环境、杀菌除味和提神醒脑的效果。香薰精油被设计成不同的颜色和味道，如黄色为柠檬香、草绿色为青苹果香、粉红色为草莓香、嫩绿色为松木香、紫色为葡萄香、乳白色为茉莉香、淡蓝色或淡绿色为薄荷香、橘红色为樱桃香等。

1. 常用的精油

常用的精油主要有气雾型、液体型和固体型 3 种。

1）气雾型车用精油主要由香精、溶剂和喷射剂组成，可分为干雾型、湿雾型等多种，这种精油里的除臭剂可以覆盖车内某些特殊异味，如行李箱味、烟草味和小动物体味等。使用时直接喷洒在车内即可，注意不能喷洒过量。

2）液体型车用精油由香精与挥发性溶剂混合而成，盛放在密封的容器中。该种类型精油是主流产品，可以与水按一定比例调配后，使用车载香薰机进行车内香薰，如图 5-2-1 所示。

（a）   （b）

图 5-2-1　液体型香薰精油与香薰机

（a）香薰精油；（b）香薰机

3）固体型车用精油是将香精与一些材料混合，然后加压成型。还有一些利用芳香材料制成的车内用品，香味织物制成的香花、用香味陶瓷制成的艺术品等。使用时要注意摆放位置不能影响安全，并安装牢固。

2. 香水选用

1）镇定功效型。清凉的药草香味、宜人的古龙香味、薄荷香味、果香味、清甜的鲜花香味，这些味道能消除车内异味，使人神清气爽、心情愉悦。

2）舒缓压力型。对于工作压力比较大的车主，可以选一些甜甜的鲜花香味或清凉的药草香味的香水，这种香水有一些镇定功效，可以舒缓压力；对于有在车内吸烟习惯的车主，那么最好选择有很浓的药草香、清新的绿茶香的香水，以舒缓车内的烟味；另外，在冬季车主尽量不要选择薰衣草香型香水，因为它的味道过于香甜，容易让人产生困意。

3）香水质量鉴别。优质香水不仅制作精美、香味持久，还能杀灭细菌、清除异味，而劣质的化合产品香水挥发较快，香气刺鼻，可能造成车内的二次污染，其成分会对人体器官，特别是对呼吸系统造成不同程度的刺激，且太阳光照射一段时间后，颜色会逐渐变为白色。

三、汽车座椅的分类与产品特性

1. 座椅的装饰及选用

汽车座椅套是汽车的时装，能表达车主的情趣，体现车主的个性。在汽车内装饰中，座椅的装饰对汽车整体的装饰风格有非常大的影响，选择真皮座椅、布艺座椅或其他座椅都能体现车主的不同品位与个性。

（1）真皮座椅

真皮座椅作为高档豪华车上的标配装备，是汽车内饰方面拉开档次的重要标志。为彰显车主的品位，提升乘坐的舒适度，改装真皮座椅已成为汽车内饰改装项目中最简单、最见效的一种，如图 5-2-2 所示。

真皮座椅美观耐用、容易清理、与人体表皮功能接近，触感舒适，其毛细孔具有良好的透气性，表面平滑，有良好的散热性能；另外，真皮坐垫不易燃烧，不怕烟蒂烧破，还可增加制冷效果，具备节省空调消耗等优点。

（2）布艺座椅

与真皮座椅相比，布艺座椅的

图 5-2-2　真皮座椅

透气性能、吸水性能、隔温性能更优。布艺椅套有相当大的选择空间，各种材质、各种花色琳琅满目。椅套按材料可分为化纤、棉混纺、纯棉、丝绒、裘毛几种。其中，棉混纺椅套是市面上最常见的，其易洗拆、结实耐用，不易磨损。目前，椅套的款式已趋向家居化、装饰化，可根据车型的座椅结构和个人爱好来进行设计，量身定做。选择椅套应注意颜色和汽车的颜色要搭配，尤其和仪表台、地板和门板的颜色要和谐，小车一般采用色调鲜艳、花式较丰富的椅套，大车多选用色调较沉、花式单一的椅套。

按材质不同，坐垫可分为纯毛坐垫、混纺坐垫和帘式坐垫 3 类。

1）纯毛坐垫。它具有乘坐舒适、柔软度好、透气性能优良等特点，还可以有效防止车室产生静电，但价格较高，适用于中高档汽车。

2）混纺坐垫。混纺坐垫根据参与编织的原料不同，可细分为棉麻混纺坐垫、棉毛混纺坐垫等，其中棉麻混纺坐垫具有透气性能优良、韧性强、易于日常清洁护理等优点，但若护理不当会出现黄变，影响视觉效果。混纺坐垫含棉毛量越高，其柔软程度越好。还有一类化纤与棉麻混纺坐垫，价格低、透气性好，但易产生车室静电，适用于中低档汽车，如图 5-2-3 所示。

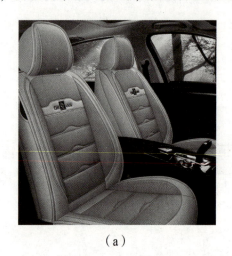 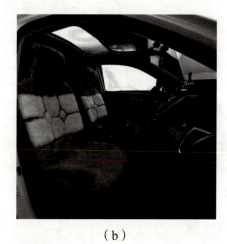

（a）　　　　　　　　　　　　（b）

图 5-2-3　混纺坐垫

（a）棉麻混纺坐垫；（b）棉毛混纺坐垫

3）帘式坐垫。帘式坐垫一般用硬塑制品或竹制品串联而成，其透气性极佳，适于高温季节或车室空调环境不良的情况。

2. 儿童座椅

一些汽车生产商为了解决儿童乘车安全问题，在成人座椅上设置了可以临时挂接儿童座椅的连接机构，此类型儿童座椅实际上就是由饰面和软垫构成的靠背、坐垫、头枕、扶手等相互连接在一起，然后用挂钩等连接在成人座椅上，如图 5-2-4 所示。按适用儿童体重的不同，儿童座椅分为 5 级，见表 5-2-1。身高 150 cm 以上的儿童可以直接使用车内已有的安全带。

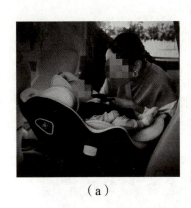
（a）

（b）

（c）

图 5-2-4　儿童座椅

（a）0 和 0+级儿童座椅；（b）1 级儿童座椅；（c）2 和 3 级儿童座椅

表 5-2-1　儿童座椅分级

座椅级别	0	0+	1	2	3
儿童体重/kg	0~10	0~13	9~18	15~25	22~26
儿童年龄	≤9 个月	≤18 个月	≤4 岁	≤12 岁	≤12 岁

四、转向盘装饰

转向盘是车与人进行"沟通"的最重要的通道之一，是驾驶员操控汽车的主要部件，转向盘的舒适性和便利性尤为重要。转向盘为钢铁骨架外面包上蒙皮，有的要加装各种材质的装饰条。

1. 转向盘的检查与调整

1）检查转向盘是否松动和晃动、自锁功能是否起作用。

2）在前排乘员和安全气囊作用范围之间不得有其他人员、宠物或物件。

3）不要擅自检查、拆卸安全气囊，因为这样可能会对个人造成意外伤害。

4）调整转向盘的位置。使转向盘与胸部之间的距离至少 25 cm。调整转向盘时一只手将转向盘下部的调整拉手提起，另一只手扶住转向盘将其调整到合适的位置，松开拉手将位置锁定。如果此距离小于 25 cm，安全气囊系统可能无法提供正确的保护。

5）行驶期间一直用双手从两侧握住转向盘的外缘水平位置处。这样，在驾驶员安全气囊触发时可降低受伤的危险。绝不能握在 12 点钟位置或以其他方式握转向盘（如握住转向盘中部、单手握转向盘等）。否则，若驾驶员安全气囊触发，便可能导致胳膊、手和头部受到伤害。

2. 转向盘的装饰

（1）转向盘套装饰

多数车转向盘都是塑料材质，到天凉的时候车主在握转向盘时会感到手冷，此时可给转

向盘穿上合适的转向盘套，以便舒服享受开车的乐趣。

汽车转向盘套类型繁多，主要作用为保暖和避免转向盘过度磨损。转向盘套一定要与转向盘大小匹配，安装牢固，使用时不能窜动。转向盘套分绒套和真皮套两种，绒套手感舒服，颜色更多，更活泼，适合女性车主；真皮套显得更高档，设计者在驾驶者的手握位置上设置了凹槽，握上去比较顺手，如图5-2-5所示。

（a）   （b）

图 5-2-5　转向盘套

（a）绒套；（b）真皮套

（2）转向盘亮片装饰

提升车内氛围感，舒适手感和整车个性感，如图5-2-6所示。

图 5-2-6　转向盘亮片装饰

五、汽车脚垫

一般汽车座椅底下是一种地毯似的物品，是原车整体铺制好的，一旦有脏物、污垢留在上面难以清理，所以购买新车之后，大多数人会在座椅底下铺上一层防水、易擦洗的保护物——地胶。

地胶分为成型地胶和手缝地胶两种：成型地胶是一次性压制成的，中间无缝，防泄漏性好，但遇凹凸大的车内地面时，铺出的美观性就差一些。一般成型地胶是用 3 mm 厚的橡胶制品做成，颜色有灰色、米色、黑色。手缝地胶平整度好，可挑选的颜色较多，同样能有效防止灰尘等杂物进入地毡，但防水能力稍差一些，手缝地胶还可选择不同的厚度，有 2 mm 与 3 mm 之分，铺较厚的地胶耐磨性及隔音效果会更好一些。由于地胶是橡胶制品，有些气味、颜色又少，一些高档轿车铺上后觉得档次低，所以改铺地毯，效果较好，但清理起来比较麻烦，为了解决这个矛盾，有的车主不全车铺地胶，只是在前后座椅底下摆上各种花色、质地的脚垫，这样既美观又环保。

脚垫类型多种多样，有防水、防尘的塑料或橡胶脚垫，也有保暖的纤维、麻毛脚垫，还有四季都能通用的丝圈脚垫。有些按车型地板形状开模制作，也有在安装前按需要形状裁切整张全包围脚垫，如图 5-2-7 所示。

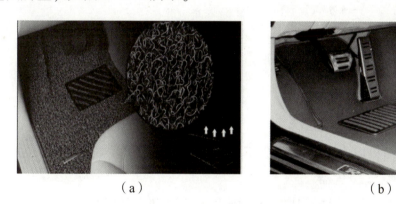

（a）　　　　　　　　　　　　　　　（b）

图 5-2-7　脚垫装饰

（a）丝圈脚垫；（b）全包围脚垫

六、车载净化器

车载空气净化器又称车用空气净化器、汽车空气净化器，是指专用于净化汽车内空气中的 PM2.5、有毒有害气体（甲醛、苯系物、TVOC 等）、异味、细菌病毒等车内污染的空气净化设备，如图 5-2-8 所示。

1. 工作原理

车载空气净化器通常由高压产生电路负离子发生器、微风扇、空气过滤器等系统组成。它的工作原理如下：机器内的微风扇（又称通风机）使车内空气循环流动，污染的空气通过机内的 PM2.5 过滤网和活性炭滤芯后将各种污染物过滤或吸附，然后经过装在出风口的负

图 5-2-8　车载空气净化器

离子发生器（工作时负离子发生器中的高压产生直流负高压），将空气不断电离，产生大量负离子，被微风扇送出，形成负离子气流，达到清洁、净化空气的目的，如图 5-2-9 所示。

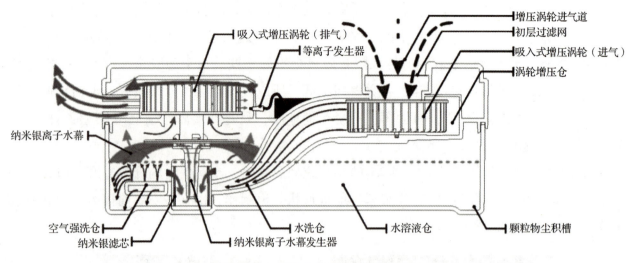

图 5-2-9　车载空气净化器净化原理

2. 净化器类型

（1）滤网型车载空气净化器

滤网型车载空气净化器可以有效净化汽车内的灰尘、甲醛、苯、细菌等有害物质。

（2）静电集尘型车载空气净化器

静电集尘型车载空气净化器需要与其他器材配合才能达到高效的净化效果，因为静电集尘型车载空气净化器并不能完全吸附并消除异味，也无法完全分解有毒化学气体。同时，其净化效果和净化效率会随着悬浮微粒的累积增加而递减，需要经常清洗集尘板以恢复其效果与效率，故维护成本较高。

（3）臭氧车载空气净化器

臭氧车载空气净化器的工作原理是用产生出来臭氧来净化车内空气，以达到改善车内空气质量的效果。虽然臭氧对去除细菌有一定的效果，特别是针对氨、烟碱等，但在使用此类型车载空气净化器时，要适当注意车厢内臭氧的浓度，因为臭氧如果浓度过高会产生二次污染，对人体健康产生危害。

（4）净离子群车载空气净化器

净离子群车载空气净化器使用净离子群发生器喷洒出独特、安全的净离子群，去除甲醛、苯、细菌、异味及过敏原等；轿车专用车技，运用康达效应，使净离子群到达车厢内的每一角落，净化不遗角落；使用约长达 17 500 h 才需要换离子发生器。

（5）水过滤车载空气净化器

水过滤车载空气净化器的原理主要模拟大自然的降雨过程，通常降雨的时候会产生雷电，这时候会有大量的臭氧产生，对空气中的病毒和细菌进行灭杀，同时雨水对空气中的颗

粒物进行湿沉降，所以雨后我们呼吸到的空气都是非常清新的。水过滤车载空气净化器主要通过涡轮风扇将空气直接吸入风槽中，这时银离子和负离子对空气进行杀菌消毒，再将空气排入水槽进行湿沉降，最后通过涡轮抽风机将水槽中经过净化的空气排出，排出去的空气因为经过了水的湿沉降，所以空气中含有一定的水分，相当于一个自然的空气加湿器。

3. 保养方法

（1）过滤网净化类

此类产品的保养，需要视不同的滤网而定，有些滤网是需要定期清洗来保持净化效果的，有一些则不需要，但大多数需要更换滤网。

（2）离子净化类

此类产品的保养，一般只需要更换离子发生器。离子发生器有一年一换的，也有多年一换的，最长的可达 6 年一换。

一、安全与防护

美容技师要根据工作性质和有害因素的不同，合理选用劳动保护用品。

二、车身表面检查

在进行汽车饰品安装操作前一定要做好检查记录工作，具体要求同课题四中的任务实施，这里不再赘述。

三、汽车饰品安装任务实施步骤及要求

1. 转向盘亮片装饰安装

转向盘亮片装饰安装操作及技术要求见表 5-2-2。

表 5-2-2　转向盘亮片装饰安装操作及技术要求

步骤	操作内容	操作步骤	操作技术要求
1	准备工具安全防护	1. 检查产品和工具：转向盘装饰亮片、清洁抹布； 2. 穿戴安全防护用品	根据要求选择
2	清洁	清洁待安装表面，去除油污	清理完成后确保安装位置干燥

续表

步骤	操作内容	操作步骤	操作技术要求
3	试安装	1. 将装饰亮片安装到位，查看各处是否黏合，做适当调整； 2. 用裁纸刀轻轻刮去多余处	
4	涂胶	将专用胶水均匀涂于粘接表面，在通风处放置 15 min	1. 亮片粘接表面和转向盘安装表面都需要涂上胶水； 2. 转向盘和亮片上的胶水应涂匀并尽量薄一点儿； 3. 切勿将胶水涂到油漆表面
5	安装固定	15 min 后，胶水表面基本干燥（若未干燥，可以适当延长时间），将亮片安装到位，做固定	1 h 后达到最大强度 注意：安装固定之前必须保证胶水基本干燥，否则影响安装效果

2. 汽车脚垫安装

汽车脚垫安装操作及技术要求见表 5-2-3。

表 5-2-3　汽车脚垫安装操作及技术要求

步骤	操作内容	操作步骤	操作技术要求
1	准备工具安全防护	1. 检查产品和工具：脚垫、清洁抹布； 2. 穿戴安全防护用品	根据要求选择
2	清洁	清洁内室待安装部位	
3	安装	1. 先分清脚垫的位置和左右方向，然后铺在汽车地板上； 2. 将汽车脚垫上的卡扣插入汽车地板上的定位扣，旋转90°锁紧； 3. 检查脚垫是否安装到位。如果没有松动或位移，则安装脚垫	1. 方向正确； 2. 旋转到位； 3. 固定牢固

注意：

1）选择能与车型匹配的专用脚垫，否则安装位置会有差异，无法完美安装。

2）安装脚垫时，处理好细节，不要干扰汽车加速踏板、制动踏板、离合踏板的正常使用。

3）安装好脚垫后，确保脚垫固定牢固；否则，在行驶过程中容易发生打滑，造成一定的安全隐患。

4）市面上的脚垫种类繁多，但质量也是良莠不齐。挑选时一定要注意质量问题，否则后期使用会出现不必要的麻烦。

5）按时清洁汽车脚垫，防止上面的异物发出异响或影响驾驶员的正常操作。

6）根据自己的需求选择脚垫，不要盲目跟风。

四、竣工检查

在光线照射充足处，对汽车车身内饰表面进行竣工检查，要求表面没有污渍、没有水分残留、没有气泡，转向盘装饰亮片光洁、平整，脚垫粘贴牢固，不影响脚踏板操控。

 **任务实施记录工单**

汽车饰品装饰安装

一、车辆信息记录

品牌		车型	□轿车　□SUV　□MPV
车辆识别码			

二、汽车饰品装饰安装前外观检查

检查项目	外观描述
转向盘	
地毯	
内室其他部位	

三、汽车饰品安装后外观检查

检查项目	外观描述
转向盘	
地毯	
车身（发动机舱盖、前后翼子板、前后保险杠、车门、车顶）	

四、汽车饰品安装所需材料

汽车内饰品安装所需材料	

汽车美容装潢技术

 任务实施考核标准与学习评价

汽车饰品的安装任务评价表

学生姓名		开始时间		结束时间	得分		
实施步骤	工作内容	序号	考核评价要求		标准分	扣分	扣分原因
一	安全防护	1	工作中正确使用安全防护用品（检查首饰等饰品）		5		
二	验车	1	环检车辆，检查车辆有无损失和瑕疵		5		
三	定位	1	定位准确度		5		
四	清洁	1	清洁装贴部位		5		
五	汽车饰品安装	1	车身装饰损伤		6		
		2	尘点		6		
		3	翘脚		6		
		4	错位		6		
		5	胶印		6		
		6	影响原效果		6		
		7	包边		6		
		8	装饰层划伤		6		
		9	装饰层断裂		6		
		10	车身装饰效果		6		
六	安全生产	1	安全操作		10		
		2	场地清理		5		
		3	工具归位		5		

156

汽车饰品选购建议

1. 车内放置是否方便、安全

方便、安全是首要考虑的因素。因为假如不便于放置在车内或放置后存在安全隐患，那么即使再好的空气净化器也不能使用。

1）外形体积。市面上的车载空气净化器大多为平放设计，少数为特殊放置的。选购的时候，主要挑选能放在移动地方车内正常运作，而不容易随车移动而移动位置的机器。

2）制造材料。一般说来，耐磨、耐高温的材料比脆弱的材料好。

2. 车内空气净化是否全面、高效

方便、安全是最基本的考虑因素，而净化效果是关键的决定性因素。

1）净化方式。空气净化器一般分为滤网净化和离子群净化。滤网净化主要是通过风机把空气抽进机器，透过滤网进行空气过滤净化。离子群净化主要是通过离子发生器向空气喷射出离子群，主动净化空气污染。

2）风道设计。由于车内"障碍物"比较多，若要全面地净化车内每一处的空气，则需要科学的风道设计。例如，滤网空气净化器需要有较好的进风风道设计，离子空气净化器则需要较科学的出风风道设计。

3. 新增功能是否符合需求

随着人们对车载空气净化器的认可，以及使用量的增加，人们对车内空气质量的要求也在提高，车载空气净化器也随之增加了新的功能。

1）抗菌除病毒功能。车载空气净化器能够有效去除车内细菌、病毒，有效预防流感等疾病。

2）香薰功能。一台车载空气净化器，除了打造健康的车内空气环境以外，为消费者营造愉快的呼吸体验也是十分重要的。有一些车载空气净化器品牌为其产品添加了高档香薰，在净化空气的同时，也让车内呼吸变得更加自然、美妙。

4. 外观是否符合车内装饰

选购车载空气净化器，外观的选择要和车内的装修及车子整体设计相协调。

1）好马配好鞍。人们在选择车载用品时都遵循这样的原则，选购的产品要足够大气、雅观，赏心悦目的净化器放在驾驶位前面的时候，开车的你也会迎来一路的好心情。

2）艺术造型提高品位。如果车载空气净化器的外形比较艺术化，选择艺术空气净化器能够提升用户在亲友面前的形象，空气净化器的艺术造型能提高个人的审美和品位。

任务三　汽车内饰修复与更换

 学习目标

知识目标

1. 了解汽车内饰件的拆装原则和方法。

2. 了解皮革内饰的损伤与修复方法。

3. 了解内饰老化变色的翻新方法。

技能目标

1. 能够正确合理更换内饰件。

2. 能够根据车况翻新修复有缺陷的皮革件。

3. 能按规范合理修复翻新有老化变色的内饰件。

素养目标

1. 通过安全与防护知识的学习，培养安全生产的意识，提高学生对安全发展理念的认识。

2. 通过学习汽车内饰修复与更换，培养学生一丝不苟、精益求精的工匠精神。

3. 通过汽车内饰修复更换任务完成，培养学生良好的职业道德与行为操守。

 **相关知识**

　　汽车内饰更换主要是对汽车驾乘舱内杂物箱、遮阳板、A柱盖板、座椅、车门内饰板、车顶内饰板进行更换，而修复主要是真皮内饰损伤的修复，转向盘、车门内饰板等磨损掉色的修复翻新。

一、汽车内饰更换

1. 遮阳板

（1）折叠式遮阳板

折叠式遮阳板可以在停车时打开放在前风窗上，能有效地保护仪表盘，也可使座椅不那么烫人，如图5-3-1所示。

（2）侧窗太阳挡

对于侧晒或车尾对着太阳，则将遮阳板放后风窗或侧窗，吸盘式的转帘或卷轴式的遮阳帘也可供选择，如图 5-3-2 所示。

图 5-3-1　折叠式遮阳板

图 5-3-2　侧窗太阳挡

（3）防紫外线静电遮阳贴

防紫外线静电遮阳贴图案漂亮、易贴，适合各款车型，能隔绝 99% 紫外线，并且可以隔热，贴在侧窗上，既美观又方便，利用静电贴上，随时可以取下来反复使用，如图 5-3-3 所示。

2. 座椅

（1）座椅的检查

1）检查座椅和头枕表面有无撕裂破损等损伤，安装是否牢固。

图 5-3-3　防紫外线静电遮阳贴

2）检查座椅的调节装置。座椅能够顺畅地进行前后调整和靠背角度的调节；随着现代技术的发展，轿车座椅装配电动调节装置，可实现靠背和坐垫各个方向的调整。

3）调整座椅的位置。合适的座椅是腿部略微弯曲即可将加速踏板、制动踏板和离合器踏板完全踩到底，同时确保手可以接触到转向盘的最高位置。

4）调整靠背位置。将靠背移到垂直的位置，使背部完全贴到靠背上。为了降低紧急制动时或发生交通事故时驾驶员受伤的危险，切勿在靠背向后倾斜过大的情况下行车。只有靠背处于垂直状态且驾驶员已正确系好安全带时，才能发挥安全气囊系统和安全带的最佳保护作用。靠背向后倾斜越大，因安全带使用方式和坐姿不正确而带来的受伤危险也越大。

5）调节好头枕位置。向上调节时，用双手抓住头枕两侧向上提起到合适位置。通过向前拉或向后推调整头枕的倾斜度，最终要调整到使头枕的上沿与头顶呈一条线。

（2）安全带的检查

1）检查安全带时，首先查看出口处是否有纸片等杂物，不得在锋利的边缘摩擦。轻轻拉出要顺利没有阻碍，松手后要被迅速回卷；当突然用力向外拉时能牢牢锁住。损坏或因事故而拉长的安全带必领更换，更换时要到专业的维修站进行。注意：安全带在使用时不能扭转，安全带应保持清洁，否则限位器工作将不正常，如图5-3-4所示。

图5-3-4　安全带的检查

2）安全带的卡紧和松开。拉住锁舌，将安全带缓慢匀速地拉出，围过胸部和髋部。将锁舌插入属于本座椅的锁扣，直至听到啮合的声响后，拉一下安全带，以便检查安全带是否在锁扣中锁住。松开安全带时，用手指按下安全带锁上的红色按钮，锁舌在弹簧力作用下弹出。用手拿着锁舌往回送，这样安全带的自动回卷装置便能够更为顺利地把带子卷回。

二、真皮内饰损伤的修复

真皮内饰损伤的修复中用到的工具和材料包括以下内容。

1. 皮革修复剂

皮革修复剂是一种独特的白色膏状混合物，通过用300℃左右的热风加热快速固化。其固化物透明、韧性好、强度高，对真皮、人造革、乙烯材料的黏附性好。

2. 纹理压片

纹理压片可以将皮革表面压出与其他部位相似的纹理。

3. 内饰改色涂料

内饰改色涂料是一类超级柔性的水基涂料，安全环保，可用于真皮、人造革、塑料、乙烯材料及绒布、地毯等材料。其有很好的黏附力，持久耐用，并且颜色大多与汽车原厂内饰配套，也可以根据配方调配出任意颜色。

三、内饰改色

转向盘、车门内饰板等处的磨损掉色是避免不了的，香水等化学用品滴漏到仪表板等部位，有可能对其造成腐蚀掉色。内饰掉色会使车辆显得很旧，暗淡无光。内饰的翻新和改色工艺可以解决上述问题，如图5-3-5所示。

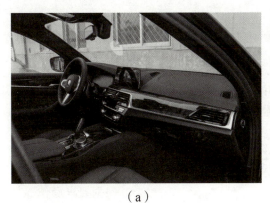
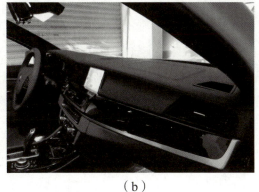

（a）　　　　　　　　　　　　（b）

图 5-3-5　内饰件改色翻新

（a）改装前；（b）改装后

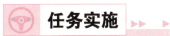
任务实施

一、安全与防护

美容技师要根据工作性质和有害因素的不同，合理选用劳动保护用品。

二、车身表面检查

在进行汽车车身装饰操作前一定要做好检查记录工作，具体要求同课题四中的任务实施，这里不再赘述。

三、汽车内饰修复与更换任务实施步骤及要求

1. 杂物箱的拆装

杂物箱的拆装操作及技术要求见表 5-3-1。

表 5-3-1　杂物箱的拆装操作及技术要求

步骤	操作内容	操作步骤	操作技术要求
1	准备工具安全防护	1. 检查产品和工具：清洁抹布； 2. 穿戴安全防护用品	根据要求选择

步骤	操作内容	操作步骤	操作技术要求
2	拆卸	1. 拆下侧围盖板； 2. 打开杂物箱盖，松开紧固螺栓； 3. 断开线束接头，取下杂物箱，拆卸其他附件 1—仪表板；2—侧面盖板；3—杂物箱；4—螺栓	根据要求操作
3	安装	安装按照拆卸的相反顺序进行	注意线束插头的连接，紧固螺栓数量较多，不能遗漏

2. 遮阳板的拆装

遮阳板的拆装操作及技术要求见表 5-3-2。

表 5-3-2　遮阳板的拆装操作及技术要求

步骤	操作内容	操作步骤	操作技术要求
1	准备工具 安全防护	1. 检查产品和工具：脚垫、清洁抹布； 2. 穿戴安全防护用品	根据要求选择
2	拆卸	1. 将遮阳板从内侧的固定钩中脱开； 2. 旋转遮阳板到遮阳位置； 3. 撬开螺母，卸下螺栓，取下遮阳板 1—固定钩；2—遮阳板；3—固定螺栓；4—螺母	根据要求操作
3	安装	安装按照拆卸的相反顺序进行	

3. A柱盖板的拆装

A柱盖板的拆装操作及技术要求见表5-3-3。

表5-3-3　A柱盖板的拆装操作及技术要求

步骤	操作内容	操作步骤	操作技术要求
1	准备工具安全防护	1. 检查产品和工具：脚垫、清洁抹布； 2. 穿戴安全防护用品	根据要求选择
2	拆卸	1. 卸下车顶扶手处的固定螺栓； 2. 撬开夹子，取下盖板，注意不要损坏盖板和车身 1—固定架；2—密封条；3—车顶扶手； 4—固定螺栓；5—夹子；6—A柱盖内板	根据要求操作
3	安装	安装按照拆卸的相反顺序进行	根据要求操作

4. 座椅的拆装

座椅的拆装操作及技术要求见表5-3-4。

表5-3-4　座椅的拆装操作及技术要求

步骤	操作内容	操作步骤	操作技术要求
1	准备工具安全防护	1. 检查产品和工具：脚垫、清洁抹布； 2. 穿戴安全防护用品	根据要求选择
2	前座椅的拆装	1. 将前排座椅向后推到底； 2. 拆下导轨盖板，露出固定螺栓； 3. 卸下固定螺栓，断开线束插头，取下座椅； 4. 安装按照拆卸的相反顺序进行 1—座椅；2—固定螺栓；3—导轨盖板；4—导轨	根据要求操作

步骤	操作内容	操作步骤	操作技术要求
3	后座椅的拆装	1. 将座椅按图中 A 方向拾起，再按 B 方向向前拉； 2. 断开线束插头，取下座椅； 3. 安装按照拆卸的相反顺序进行 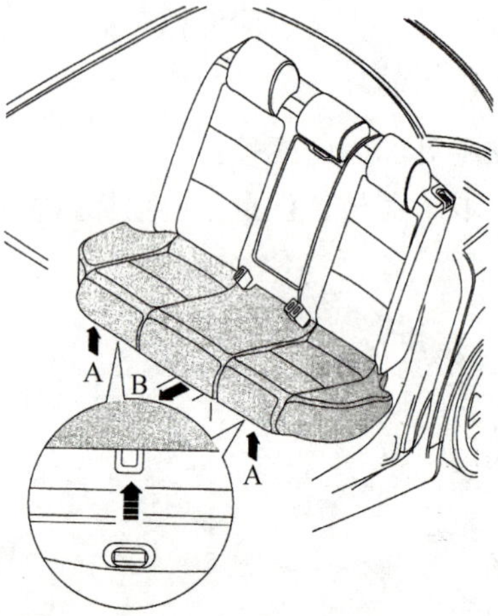 	根据要求操作
4	后座椅靠背的拆装	1. 卸下座椅头枕； 2. 将后排座椅靠背向上从支架的钢丝夹中取出； 3. 安装按照拆卸的相反顺序进行 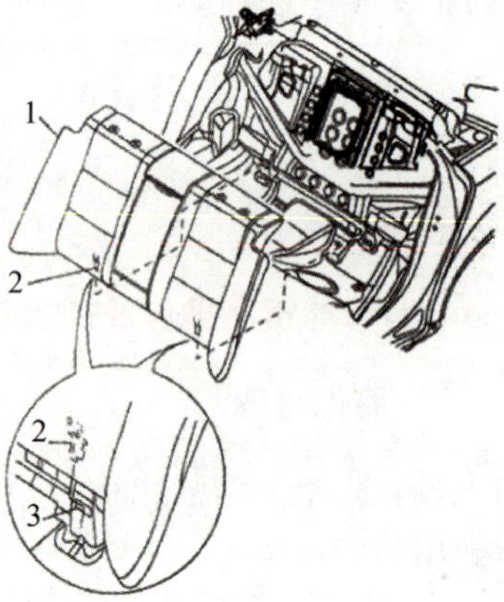 1—靠背；2—钢丝夹；3—支架	根据要求操作

5. 车门内饰板的拆装

车门内饰板的拆装操作及技术要求见表5-3-5。

表5-3-5　车门内饰板的拆装操作及技术要求

步骤	操作内容	操作步骤	操作技术要求
1	准备工具 安全防护	1. 检查产品和工具：脚垫、清洁抹布； 2. 穿戴安全防护用品	根据要求选择

续表

步骤	操作内容	操作步骤	操作技术要求
2	拆卸	1. 取下车门装饰条和扶手盖板，露出内部的螺栓； 2. 卸下所有的紧固螺栓； 3. 向外拉内饰板，使其与车门分离； 4. 向上抬内饰板，取下车门内操作装置的拉索，断开线束插头连接； 5. 取下车门饰板，拆卸其他附件	根据要求操作
3	安装	安装按照拆卸的相反顺序进行	根据要求操作

6. 车顶内饰板的拆装

车顶内饰板的拆装操作及技术要求见表5-3-6。

表 5-3-6　车顶内饰板的拆装操作及技术要求

步骤	操作内容	操作步骤	操作技术要求
1	准备工具 安全防护	1. 检查产品和工具：脚垫、清洁抹布； 2. 穿戴安全防护用品	根据要求选择
2	拆卸	1. 拆下左右遮阳板、车顶扶手、车身立柱内饰板和天窗盖板框架等； 2. 拆下车内照明灯、阅读灯等； 3. 卸下固定螺栓，向外下内饰板，使其与车顶分离； 4. 断开线束插头连接，取下车顶饰板，拆卸其他附件 1—车顶；2—车顶饰板；3—固定螺栓； 4—夹子；5—天窗盖板框架	根据要求操作
3	安装	安装按照拆卸的相反顺序进行	根据要求操作

7. 真皮内饰损伤的修复

真皮内饰损伤的修复操作及技术要求见表 5-3-7。

表 5-3-7　真皮内饰损伤的修复操作及技术要求

步骤	操作内容	操作步骤	操作技术要求
1	准备	1. 检查产品和工具； 2. 穿戴安全防护用品	根据要求选择
2	拆卸	1. 将破损部位的毛边修剪整齐，做出斜坡状的花口； 2. 使用专用的清洁剂彻底清洗表面，并晾干； 3. 用塑料、皮革预处理剂清洗化学污物； 4. 用 P400～P600 号水磨砂纸打磨破损处的边缘，再次用皮革处理剂清洗，晾干； 5. 填充一薄层皮革修复剂，用热风枪加热到 300℃左右，至修复剂由白色变为透明为止，逐层填补，直到将破损部位填平为止； 6. 用内纹理片压制出与皮革相似的纹理； 7. 用上色涂料上色	根据要求操作
3	安装	安装按照拆卸的相反顺序进行	根据要求操作

8. 内饰改色

内饰改色操作及技术要求见表 5-3-8。

表 5-3-8　内饰改色操作及技术要求

步骤	操作内容	操作步骤	操作技术要求
1	准备	1. 检查产品和工具； 2. 穿戴安全防护用品	根据要求选择
2	拆卸零件	将需要翻新改色的内饰件拆卸下来，如车门内饰板仪表板、A 柱内饰板、B 柱内饰板、C 柱内饰板、变速器操纵杆下装饰板、转向盘下装饰板、扶手箱等需要改色的部位拆卸下来	注意：不要损坏板件上的卡子等安装部位

续表

步骤	操作内容	操作步骤	操作技术要求
3	重新上色	1. 将拆卸下来的内饰板件进行清洁，并进行打磨处理； 2. 按要求喷涂内饰专用的改色涂料，并干燥； 3. 重新安装改色后的内饰板件	根据要求操作

四、竣工检查

在光线照射充足处，对汽车车身内饰表面进行竣工检查，要求表面没有污渍、没有水分残留、没有气泡，内饰件拆装后更换后归位如初，改色翻新后自然大方，满足需求。

任务实施记录工单 ▶▶ ▶

汽车内饰修复与更换

一、车辆信息记录

品牌		车型	□轿车　□SUV　□MPV
车辆识别码			

二、汽车内饰修复与更换前外观检查

检查项目	外观描述
座椅	
车门内饰板	
内室其他部位	

三、汽车内饰修复与更换后外观检查

检查项目	外观描述
座椅	
车门内饰板	
内室其他部位	

四、汽车内饰修复与更换所需材料

汽车内饰品安装所需材料	

任务实施考核标准与学习评价 ▶▶▶ ▶

汽车内饰修复与更换任务评价表

学生姓名		开始时间		结束时间	得分		
实施步骤	工作内容	序号	考核评价要求	标准分	扣分	扣分原因
一	安全防护	1	工作中正确使用安全防护用品（检查首饰等饰品）	5		
二	验车	1	环检车辆，检查车辆有无损失和瑕疵	5		
三	定位	1	定位准确度	5		
四	清洁	1	清洁装贴部位	5		
五	汽车车身装饰	1	车身装饰损伤	6		
		2	尘点	6		
		3	翘脚	6		
		4	错位	6		
		5	胶印	6		
		6	影响原效果	6		
		7	包边	6		
		8	装饰层划伤	6		
		9	装饰层断裂	6		
		10	内饰修复与更换效果	6		
六	安全生产	1	安全操作	10		
		2	场地清理	5		
		3	工具归位	5		

课题六

汽车电子产品装饰

汽车电子产品装饰以安全、舒适、美观、享受为最终目的，在不改变汽车本身功能和结构的前提下，通过加装或改装必要的防盗报警装置、安全防护装置、娱乐类电子产品等外饰件，能最大限度地为汽车和乘员提供预防性防护。汽车防护可以为乘员提供保护，可以为车辆安全管理提供保障，还可以为乘车或驾车提供便捷服务。根据汽车装饰类别的不同，本课题将从汽车防盗报警装饰、汽车安全防护装饰、汽车娱乐类电子产品装饰三方面展开。

 任务一　汽车防盗报警装饰

 学习目标

知识目标

1. 了解汽车防盗装置的类型和特点。

2. 认识汽车电子防盗器的组成。

3. 理解汽车电子防盗器电线线路的判断和接线工艺。

4. 认识中控锁的触发方式及与防盗器的接线技术要求。

5. 认识汽车电子防盗器的安装方法及注意事项。

技能目标

1. 能规范安装并正确调试电子防盗器。

2. 能规范安装中控锁系统并与防盗器一体化。

素养目标

1. 通过安全与防护知识的学习，培养安全生产的意识，提高学生对安全发展理念的认识。

2. 通过学习汽车防盗报警装饰的安装，培养学生一丝不苟、精益求精的工匠精神。

3. 通过汽车防盗报警安装任务完成，培养学生良好的职业道德与行为操守。

近年来，汽车作为代步工具拥有量越来越大，随之我国的机动车被盗案件呈逐年上升趋势，为防止车辆被盗，许多汽车制造厂在出厂前就为车辆装备了防盗装置，但是多数没有报警功能。对于一些出厂时没有安装防盗装置的汽车，为了防止车辆被盗，安装汽车防盗器是比较有效的一种方法。

一、汽车防盗装置的功能

随着汽车防扩要求的提高，车用防盗器的功能也日趋完备，目前市场上的汽车防盗器主要功能如下：

1) 防盗设定与解除。其主要作用是警示车主，以防车辆被盗或受损害。

2) 全自动设防。若车主忘记设防，报警器将自动进入防盗警戒状态。

3) 静音设防与静音解除。静音设防与静音解除，适合在夜间、医院和特殊环境下使用。

4) 二次设防。设防解除后30 s内车主未开车门，主机自动进入防盗状态。

5) 寻车功能。在停车场内帮助车主寻找车辆。

6) 求救。在紧急事态发生时，能设定紧急呼救。

7) 振动传感器暂时关闭。遇恶劣天气，但汽车处在安全环境下，使用此功能可减少误报和噪声。

8) 进场维修模式。该功能适用于汽车进场维修时，遥控器无须交给维修厂，安全方便。

9) 行车时控制功能。点火后车门自动落锁，熄火后车门自动开锁，车辆使用安全、方便。

10) 密码防扫描。计算机自动判别密码正确与否，并过滤扫描器信号；杜绝扫描密码，因而可防止盗贼用扫描器扫描报警密码盗车。

11) 跳码抗复制。每次进行设防和解除警戒时，主机及遥控器都同时更改密码，防止盗贼用无线电解码器解码盗车。

12）遥控启动。该功能可提高效率，节省暖车时间。

二、汽车防盗装置的分类

目前，市场上的汽车防盗装置可分为机械式、电子式和网络式。随着电子和网络技术的不断发展，新型的汽车防盗装置将被陆续开发出来。

1. 机械式防盗装置

早期主要是机械式的防盗锁，即采用金属材料制作的各种防盗锁具，包括转向柱锁、转向盘锁（图6-1-1）、踏板锁、变速器操纵杆锁、车轮锁等。使用时，这些防盗锁具会锁住车的操纵部件，使窃贼无法将车开走。该类防盗装置的特点是简单易行、价格便宜，缺点是体积较大，破解手段多，不能报警。

2. 电子式防盗装置

电子式防盗又称微计算机防盗，是目前汽车市场上主流的防盗装置。启动防盗系统可将点火线圈或供油回路切断，只有在解锁钥匙的控制下才能正常解除防盗。电子式防盗装置品种繁多，国内外大部分汽车在出厂时就配置了钥匙芯片防盗系统，如图6-1-2所示。钥匙中的无线射频芯片与本车的ECU通信后才能启动汽车发动机。另外，其还有声光报警系统，汽车仪表盘上装有发光二极管，既可以让车主知道系统的工作状态，又可以对窥探车厢的偷车贼起到阻吓作用。当汽车由于外力发生振动，或车门、行李箱盖、发动机舱盖被强行开启时，系统发出报警声，以阻吓盗车贼。电子式防盗系统有双向报警系统，比单纯的闪光和声响报警系统多了一个能通知车主的功能。当汽车遭到外界侵扰时，在附近的车主能通过随身携带的液晶显示钥匙知道汽车的状态。

图6-1-1　转向盘锁

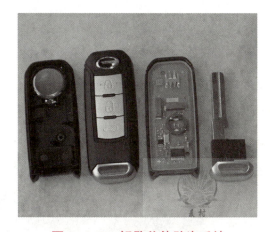

图6-1-2　钥匙芯片防盗系统

电子防盗装置的缺点是误报率较高，特别是在大车经过、鞭炮响起、打雷下雨时，各种振动会触发防盗系统，报警声会影响居民的休息；当车停在地下停车场或距离停车距离较远时，车主会接收不到反馈信号。

3. 网络式防盗装置

网络式防盗装置通过网络来实现汽车的开关门、启动、截停汽车、汽车的定位及车辆会根据车主的要求提供远程的车况报告等功能。网络防盗主要是突破了距离的限制，按网络可分为 GPS 卫星定位防盗系统和 GSM、GPRS 移动防盗器。

（1）GPS 防盗系统

通过 GPS 确定车辆的位置，再通过 GSM 网络将位置和报警信息传送到报警中心。报警中心通过 GSM 网络控制汽车断电、断油，如图 6-1-3 所示。GPS 能应用于汽车联动防盗服务，得益于卫星监控中心对车辆 24 h 不间断、高精度的监控服务。

图 6-1-3　GPS 防盗系统

GPS 全球卫星定位防盗系统的缺点是价格较高，需要经常支付服务费，系统运行的功率较大，隐私会受到侵扰，车辆长期放置不使用会耗尽蓄电池电量。当车停在地下、树下、大厦旁时，系统可能会因信号不好而不起作用。

（2）GSM、GPRS 移动防盗器

GSM 移动防盗器依托 GSM 通信网络，进行手机与汽车的智能联动防盗，具有防盗、监控、远程控制、远程报警、定位、反劫持等多种功能，是维护社会治安、保护车主利益的有效手段。与同类产品相比，该系统还具有安装更隐蔽、技术更先进、性能更可靠等特性。该系统具有无须建基站、报警不受距离限制等优点。其缺点是需要缴纳 GSM 号码的月租费，而且需要依赖 GSM 网络的覆盖。

4. 生物（指纹）识别防盗

生物（指纹）识别防盗是利用人体特征作为唯一解锁的钥匙，锁止或解锁汽车发动机。常见的生物识别防盗器是汽车指纹启动控制器，如图 6-1-4 所示。它是利用人体指纹所携带的大量信息，以及每个人的指纹的重合率几乎为零的特性，在该系统中事先存放车主的指纹信息，通过指纹的比对核实身份后才能启动汽车，即使盗车贼将汽车钥匙全部偷走也无法启动车辆。

图 6-1-4　生物（指纹）识别防盗

三、汽车电子防盗装置

汽车电子防盗装置是目前应用广泛的防盗装置，包括插片式、按键式和遥控式等，主要靠锁定点火或启动达到防盗的目的，同时具有防盗和声音报警功能。电子防盗装置主要分为单向防盗器和双向防盗器，这两种防盗器都是车主通过遥控器来控制的，双向防盗器可以把车辆的真实状况反馈给车主。

汽车电子防盗装置一般有主机、遥控器、振动传感器、LED 警示灯、报警扬声器、天线、熄火控制器和线束等组成，如图 6-1-5 所示。

图 6-1-5　汽车电子防盗系统的组成（单向）

1. 单向防盗器

单向防盗器的主要功能有防盗警戒、静音防盗、阻吓防抢、中央门锁自动化和车门未关警示等。单向防盗器配上中控门锁，可以遥控锁门、开门、进入及解除防盗状态。这种防盗器比较实用，一般适合普通轿车及微型面包车安装使用。

2. 双向防盗器

双向防盗器除了具备单向防盗器的功能以外，还具有远程可视双向防盗报警功能，可时刻监控汽车。智能防抢功能设定防抢后，如车辆被劫，30 s 内报警，如熄火则不能再启动；寻呼车主功能，欲寻车主时轻敲汽车前风窗玻璃上的呼叫器，遥控器即可接收信号，鸣叫通知车主。另外，其还可遥控启动汽车，遥控开启行李箱，如遥控器丢失，可新买一只，自配后即可使用。这种防盗器档次略高，通过遥控器上的液晶屏幕可以掌握车辆情况。目前，市场上的主要品牌有 PLC、天能、铁将军等。双向防盗器的组成如图 6-1-6 所示。

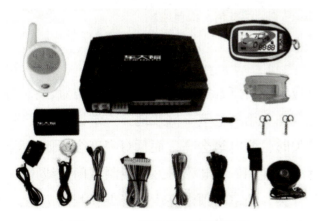

图 6-1-6　双向防盗器的组成

四、汽车防盗装置配线与寻找判断

1. 12 V 电源线

12 V 电源线即蓄电池正极线（常火线），在钥匙开关处于 OFF 或任何其他状态时，此线都有正电的，为 12 V 电源线。电源线较粗，在转向盘下护板内的保险盒处很容易找到。

2. ACC 线

将钥匙开关转至 ACC 位置时电笔会亮，转至 ON 位置时测 ACC 线电笔也亮；当钥匙开关转至启动挡时电笔灯会灭（无电），此线即为 ACC 线。ACC 线一般在转向盘下面或仪表台左下方的保险盒处。

3. ON 线

当钥匙开关转至 ON 时，测电笔有电，在启动电动机时测电笔也会亮（有电），此线为 ON 线。

4. 启动马达线

将测电笔的一端接地（搭铁），一端接线。钥匙开关开至 ON 状态，测电笔不亮，启动电动机时测电笔会亮，松开电动机时测电笔会灭，此线为启动马达线。

5. 转向灯线

查找转向灯线时，钥匙必须开至 ON，开左右转向灯时该线分别测试电笔会亮（左右转向灯线分开找，接线时不分左右），此线为转向灯线。两条转向灯线（见图 6-1-7）在拆卸驾驶员侧门槛压条与侧板后很容易找到，找到后与防盗器的两条棕色线相连。

蓝色线 ———————— 绿色线

图 6-1-7　驾驶员侧门处的转向灯线
（蓝色、绿色线）

6. 车门开关控制线（门边线）

车门开关控制一般车型为负触发，查找时应将室内灯开关设定到开门控制位置，将驾驶员侧门打开，将其他 3 个门关好，这时车顶灯会亮。用测电笔一端接地，一端接至门开关线上，这时测电笔不亮，当按驾驶员门侧控制开关时，测电笔会亮，而顶灯亮度会降低直至不亮，此线即为负触发门边线。另外，将测电笔一端接 +12 V 电源，另一端测试门灯线束，这时测电笔灯不亮。若用手按下驾驶员侧门控制开关，则室内顶灯亮度会降低，测电笔亮，此门灯线即为正触发门边线。美国车系一般为正触发，多数进口车及国产中高级车设有室内灯延时设置，这时应设定主机为室内灯延时型车种，而门边线应接到延时器的输出端或在车门开关控制端接线。车门开关控制线一般可在 A 柱的线束中引出，如图 6-1-8 所示。

7. 制动灯线

制动踏板上有一控制开关，从其出来有两条线，测电笔一端接负，另一端测试踩制动踏板时，开关接通，此时制动灯会亮，测电笔也亮，放开制动踏板后，测电笔灯会熄灭，则此线为制动灯线，如图 6-1-9 所示。

图 6-1-8　A 柱上的门边线

图 6-1-9　制动灯线（接防盗器橙色线）

8. 负极线

负极线即搭铁线，汽车车体均与蓄电池负极相连通，与汽车车体金属部分连接即为搭铁。防盗器的搭铁线最好不要与其他电气系统的搭铁线在同一地点。

五、中控锁线与触发类型

中控锁线一般位于仪表板左侧的车身电气控制模块或驾驶员侧车门的主控制开关接线上。

1. 中控锁触发方式判断

（1）负触发

将测电笔一端搭铁，另一端去测线，点到一线能开（开锁线），点到另一线能关（闭锁线），这就是负触发。

（2）正触发

将测电笔一端搭铁，推动中控开关后测线，当点到中控锁开的时候灯亮，关的时候灯灭；测另一根时则相反，这就是正触发。

（3）正负触发

若防盗器直按控制中控锁电动机，则采用正负触发，这种情况适用于安装中控锁电动机或中控锁控制器的车型，如微型面包车。一般原车中控锁与加装的电子防盗器的中控锁是负触发。

2. 中控锁与防盗器接线

1）首先将四门的中控锁安装在车门的合适位置，并与锁块的驱动机构连接好，如图 6-1-10 所示。

图 6-1-10　安装中控锁

2）按中控锁与防盗器的接线原理进行接线，如图 6-1-11 所示。

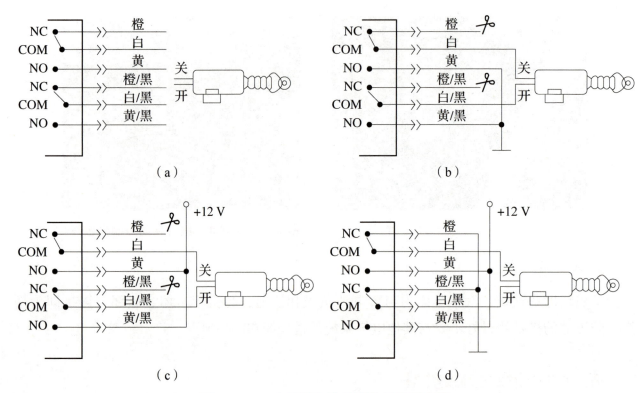

图 6-1-11　中控锁与防盗器的接线原理图

六、汽车电子防盗器的安装工具及接线

1. 正确使用工具

1）正确拆装车辆饰板、车门及仪表板（需要时）。注意工具使用规格的准备，包括不同规格的十字螺钉旋具、剥线钳、内梅花扳手、内六角扳手、剪钳等。

2）注意正确使用测电笔和万用表等仪器、仪表，正确设置万用表的挡位。

2. 正确连接线束

1）正确剥线。根据线径粗细不同，将接线端外缘皮剥去 25 mm 左右，剥皮时要注意内部铜线可能损伤或被剪断，线皮剥好后铜线应完好无损。

2）正确接线。将露出的铜线绕束扭紧在一起，用绝缘胶布缠好。在搭接启动线或点火线时，剥线应长至 30 mm。线皮剥好后，先将铜线一分为二扭紧在一起，然后将两条线的一分为二的部分分别扭紧在一起，再将它们合二为一扭紧用胶布缠好。

3）正确缠线。使用的胶布要符合电工标准，注意其绝缘性和有效期。缠绕胶布时，要稍用点儿力将胶布稍稍拉长，然后缠绕。这样缠好的胶布会自然地缠紧在搭接好的导线上，胶布不易松开，安全、牢固性较好。

3. 接线注意事项

1）缠绕点火线、启动线和 ON 线时，需按胶布的使用方法缠绕 2 次。

2）缠绕时胶布不要有外延，不得有铜线丝露出。

3）断电继电器下的几条线，接好后不要用胶布大面积缠绑在一起，否则不易散热，易出现危险。

　 任务实施 ▶▶ ▶

一、安全与防护

技师要根据工作性质和有害因素的不同，合理选用劳动保护用品。

二、车身表面检查

在进行汽车防盗报警装饰操作前一定要做好检查记录工作，对车辆进行漆膜、内饰、玻璃等部位的美容装饰时，发生的费用会比较高，为了避免与客户之间产生不必要的误会，应做好记录。同时，还可以保留客户记录，便于以后的联系和沟通，提高自身的规范程度。

三、汽车电子防盗器安装实施步骤及要求

1. 准备工具安全防护

检查防盗器套装产品和安装工具，穿戴安全防护用品。

2. 清洁

清洁待安装表面，去除油污，清理完成后确保安装位置干燥。

3. 安装前检查原车电路

1）检查中控锁电路。用原车钥匙（或中控锁开关）开启/关闭左前车门，观察所有车门是否在同一时间内开启/关闭，目的是防止原车各门锁电路或机械结构出现故障。

2）检查车门开关。分别打开各车门，检查所有车门检测开关，是否接触正常，观察分别打开车门时，车顶灯是否正常亮起。目前，大多车型顶灯带有延时熄灭功能，检查时须等顶灯熄灭后，再依次打开其他车门。检查门开关是否损坏、漏电、接触不良等，防止装防盗器后出现误报警。

3）检查启动电路。车钥匙旋转到 ON 位置，观察仪表板内各指示灯情况（如安全气囊

指示灯、ABS 指示灯、充电指示灯、发动机故障指示灯等），然后正常启动车辆，再观察各指示灯熄灭情况有无异常。

4）检查转向灯电路。车钥匙旋转至 ON 位置，分别打开左右转向灯开关，观察左右转向光灯频率（速度）是否一样（打开紧急双闪灯开关也可对转向灯电路进行检查）。

4. 接线与安装

打开防盗器包装盒，确认组件是否完整。拿出安装说明书，按车型进行接线。

1）行李箱接线。拆掉驾驶员侧 A 柱饰板，找到原车线组。防盗主机行李箱盖触发线接原车行李箱照明灯线。

2）警示灯安装。LED 警示灯安装到仪表台上，以便车外行人容易看到，达到警示的作用。

3）电源接线拆掉转向盘下方的塑料盖，找到原车组，把防盗器主机的 12 V 线接到原车线路常火线（原车常火线较粗）上。

4）ACC 接线。防盗器主机的 ACC 线接到原车的 ACC 线上。

5）中控锁接线。用测电笔测试原车中控锁的触发方式，将防盗器主机与原车中控锁线路连接。

6）转向灯接线。把原车转向灯线找到防盗器主机两条方向灯线，不需要分左右。

7）车门接线。安装时根据车型在主机后面选择正确的触发方式。

8）扬声器接线。在发动机舱内选好合适的位置安装扬声器，将扬声器的连接线通过原车的通线孔，与驾驶室内主机相连。

注意：①安装时扬声器口向下倾斜，以防止进水；②要远离发动机排气管等高温处，以免高温损坏。

9）制动踏板接线。制动踏板接线连接在制动踏板开关与制动灯之间。

10）振动传感器安装。振动传感器要安装于仪表台下方并紧贴车体金属结构部位，否则会影响感应灵敏。

11）熄火控制器的连接。剪断原车线路启动线，将防盗器继电器串接在两端。

12）安装天线。

13）安装防盗主机。严格按说明书上要求进行安装，否则会影响遥控和接收距离。

14）测试防盗器。

四、安装完成后功能测试

防盗器主机所有配线连接完成后，要先进行调试，再装上装饰板；检查各配线插头是否与主机插座接触紧固，有无松动现象。将点火开关旋到 ON 位置，踩制动踏板时，中控锁应自动上锁，点火开关旋到 OFF 时，中控锁会开启，然后分别依次打开各车门时，转向灯应闪亮。

　　关好所有车门，用遥控器设定防盗 10 s 后，振动车辆防盗器应立刻发出报警声音；振动传感器的灵敏度大小，可根据安装车型大小应做适量调整。

　　向车主讲解简单的常用功能操作方法包括遥控和接收的大约距离、遥控器的电池使用时间、紧急解除开关的使用等。

 任务实施记录工单 ▶▶ ▶

汽车防盗报警装饰

一、车辆信息记录

品牌		车型	□轿车　□SUV　□MPV
车辆识别码			

二、汽车防盗报警装饰安装前外观检查

检查项目	外观描述
前后风窗玻璃及刮水器	
车窗（车门车窗、天窗）	
车身（发动机舱盖、前后翼子板、前后保险杠、车门、车顶）	

三、汽车防盗报警装饰安装后外观检查

检查项目	外观描述
前后风窗玻璃及刮水器	
车窗（车门车窗、天窗）	
车身（发动机舱盖、前后翼子板、前后保险杠、车门、车顶）	

四、汽车防盗报警装饰安装所需材料

汽车防盗报警装饰安装所需材料	

任务实施考核标准与学习评价

汽车防盗报警装饰任务评价表

学生姓名		开始时间		结束时间		得分		
实施步骤	工作内容	序号	考核评价要求			标准分	扣分	扣分原因
一	安全防护	1	工作中正确使用安全防护用品（检查首饰等饰品）			5		
二	验车	1	环检车辆，检查车辆有无损失和瑕疵			10		
三	清洁	1	清洁安装部位			5		
四	汽车防盗报警装饰安装	1	检查中控锁电路			6		
		2	检查车门开关			6		
		3	检查启动电路			6		
		4	检查转向灯电路			6		
		5	行李箱接线、电源接线、ACC 接线、中控锁接线、转向灯接线、车门接线、扬声器接线、制动踏板接线			6		
		6	警示灯安装、振动传感器安装、熄火控制器连接、天线安装、防盗主机安装			6		
		7	测试防盗器			6		
		8	遥控距离明显偏近			6		
		9	解除防盗后，打开车门，转向灯不闪			6		
		10	防盗报警装置不报警			6		
五	安全生产	1	安全操作			10		
		2	场地清理			5		
		3	工具归位			5		

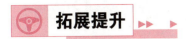
拓展提升 ▶▶ ▶

一、汽车电子防盗器的安装方法及注意事项

1. 安装前检查

安装防盗器前，应先检查原车的电路系统，如转向灯、室内灯、边门灯、制动灯、电动门锁、电动玻璃升降、天窗和发动机等是否工作正常，确定电路正常后再进行防盗器安装施工。

2. 确定安装位置

确定主机和防盗警报扬声器的安装位置，如图 6-1-12 所示。将防盗主机安装在隐蔽处，一般安装在仪表台右侧的杂物盒下方或转向盘下护板内，扬声器可以安装到发动机舱前隔板处。

3. 拆除零部件

先拆除车辆转向盘下方车辆总线附近的挡板，露出总线，以方便线路的查找及连接。对一般家用车来说，可用测电笔找出车辆的中央控制门锁控制线（见图 6-1-13），并确定其控制方式，以便连接防盗器。由于部分车型的中控锁控制线需要在左前车门内查找，因此需拆下车门的内饰板。

图 6-1-12　防盗主机安装位置

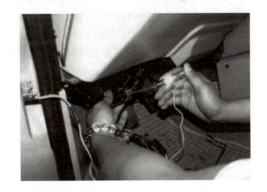
图 6-1-13　查找中控门锁控制线

4. 试线

用测电笔依次找出车辆的常通电源线、启动电源线、ACC 线、转向灯线、制动线、门灯线及负极线。按线路图正确连接防盗断电器，并用绝缘胶带做好绝缘。将转向灯线、制动线、门灯线等依次连接好，用绝缘胶带做好绝缘。图 6-1-14 为常火线和 ACC 线的连接，"常电线"即为 12 V 的常通电源线。

5. 连接并整理线路

根据中央控制门锁的触发类型，连接好防盗器的中控信号线，整理防盗器线束，如

图6-1-15所示，并剪去多余的电源线做好绝缘。注意，用绝缘胶带裹好废弃不用的线头，以防短路。

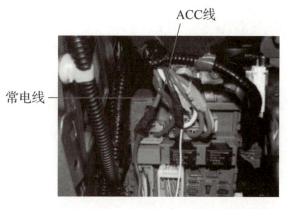

图 6-1-14　某款车常火线和 ACC 线的连接　　　图 6-1-15　连接中控信号线并整理线路

6. 连接振动传感器及 LED 防盗指示灯

将振动传感器及 LED 防盗指示灯按要求固定好，如图 6-1-16 所示。振动传感器必须用螺钉固定于车体上，不能用泡沫双面胶带粘贴，否则会影响其灵敏度。

图 6-1-16　固定 LED 防盗指示灯

7. 固定报警扬声器

在发动机舱内选择合适的位置固定好报警扬声器，并将防盗器的扬声器线从防火墙内引至扬声器处进行连接，必须将口对着斜下方，以防进水损坏扬声器，如图 6-1-17 所示。

图 6-1-17　固定报警扬声器

8. 安装后检查

安装好防盗器后检查所有线路连接是否正确，将连接线、振动传感器、对应指示灯的插头插到防盗器主机上，检查后进行所有的功能测试，如图6-1-18所示，重点测试防盗系统开锁、解锁功能是否正常，转向灯闪烁、防盗警报触发是否正常。

图6-1-18　防盗系统功能测试

所有功能操作正常后，将所有的连接线用胶带包裹整齐，选择仪表台内合适的位置固定好，将原车的挡板等安装复位，再次测试防盗器的全部功能，如果完全正常，则完成施工。

二、汽车电子防盗器常见故障排除

1. 故障一

（1）故障现象

主机安装之后，喇叭一直鸣叫，无法用遥控器解除。

（2）处理方法

1）检查接线是否有问题。

2）检查主机熔断丝是否烧断。

3）检查主机与遥控器号码是否吻合，或通过遥控器与主机重新连接解决。

2. 故障二

（1）故障现象

设定警戒后，轻触车辆即报警。或者车辆暂停路旁时，当有重型车经过就会触发报警。

（2）处理方法

1）检查振动传感器是否灵敏度过高，逆时针调节振动传感器灵敏度调节旋钮，降低灵敏度。

2）如果故障仍不能解决，则更换振动传感器。

3. 故障三

（1）故障现象

遥控器能设定防盗，但是中控锁没有反应。

（2）处理方法

1）检查中控锁门锁配线是否被破坏，造成短路或断路，线路安装是否正确。

2）检查中控锁配线熔断丝是否断开。

3）检查中控锁的触发方式，重新按安装说明接线。

4. 故障四

（1）故障现象

解除防盗后，打开车门，转向灯不闪；或者设定防盗后，强行打开车门不报警。

（2）处理方法

1）检查防盗器车门检测线安装是否正确。

2）检查原车门感应开关是否断开或接触不良。

5. 故障五

（1）故障现象

防盗器装车后或使用过程中，报警扬声器无声或有时发声不正常。

（2）处理方法

1）检查是否开启静音防盗功能。

2）检查主机与扬声器之间连线是否接触不良，接线是否正确。

6. 故障六

（1）故障现象

遥控距离明显偏近或使用中遥控距离慢慢变短，无法遥控。

（2）处理方法

1）检查主机天线安装位置是否符合标准安装要求。

2）检查主机插座与天线插头是否有接触不良现象。

3）使用中，防盗系统周围是否有高建筑物或无线电发射装置，因为高频电磁波对防盗系统使用距离有较大影响。

4）检测电池电量是否充足。

任务二　汽车安全防护装饰

 ## 学习目标

知识目标

1. 了解汽车避撞技术与倒车雷达的概念和特性。

2. 认识汽车避撞技术与倒车雷达材料的材质。

3. 了解汽车倒车雷达的安装工艺流程。

技能目标

1. 能够正确识别、选用汽车安全防护装饰用品。

2. 能够正确使用和维护汽车安全防护装饰安装设备。

3. 能按规范进行汽车倒车雷达的安装。

素养目标

1. 通过安全与防护知识的学习，培养安全生产的意识，提高学生对安全发展理念的认识。

2. 通过学习汽车安全防护装饰的安装，培养学生一丝不苟、精益求精的工匠精神。

3. 通过汽车安全防护装饰任务的完成，培养学生良好的职业道德与行为操守。

 ## 相关知识

　　据初步调查统计，15%的汽车事故是由汽车倒车"后视"不良造成的。因此，增强汽车的后视能力，尤其是增强大型、重型车辆的后视能力，对于提高行车安全，减轻驾驶人的劳动强度和心理压力非常重要，本任务主要学习汽车避撞技术与倒车雷达安装等汽车安全防护装饰的相关内容。

一、汽车避撞技术

　　汽车避撞技术是一种辅助汽车驾驶者对影响公路交通安全的人、车、路环境进行实时监控，在危急情况下由系统主动干涉驾驶操纵、辅助驾驶者进行应急处理、防止汽车相撞事故发生的技术。

　　汽车避撞技术主要解决的问题是汽车之间的安全距离。汽车与汽车之间的距离超过了这个安全距离，就应该能够自动报警，并采取制动措施。测定汽车的安全距离，目前一般采用的技术有超声波测距、微波雷达测距和激光测距 3 种。

1）超声波测距是利用其反射特性。超声波发生器不断地发射出 40 kHz 超声波，遇到障碍物后反射回反射波，超声波接收器接收发射波信号，并将其转换为电信号。

2）微波雷达测距是利用目标对电磁波反射来发现目标并测定其位置。根据微波雷达用途不同，所测定的目标可能是飞机、导弹、车辆、建筑物、云雨等；

3）激光测距工作原理与微波雷达测距相似，具体的测距方式有连续波和脉冲波两种。

1. 按测距技术倒车避撞装置分类

（1）超声波汽车倒车避撞装置

超声波倒车避撞报警器利用超声波回声测距的原理，测量车后一定距离内的物体，并以单片机作为中心控制单元，可以及时显示车后障碍物的距离和方位，显示范围为 0.5～9.9 m，当距离大于 2 m 时，显示车后障碍物的方位；当距离小于 2 m 时，除了显示其方位外，还可按照 3 段距离分别给出 3 种报警信号，以警示驾驶人 3 种不同程度的紧急状态，使驾驶人据此做出相应的操作，防止事故的发生。

倒车避撞装置利用超声波对车后的障碍物以 3 种特定距离（2.1 m、1.1 m、0.6 m）向驾驶人进行报警。报警方式有声报警和光报警（发光二极管）两种，驾驶者可以根据 3 种不同音调和声音或 3 只发光二极管的亮灭得知障碍物的实际距离。

（2）汽车避撞雷达

汽车避撞雷达利用电磁波发射后遇到障碍物反射的回波，不断检测和计算与前方障碍物或后方障碍物的相对速度和距离，经过分析判断，对构成危险的目标按程度不同进行报警，控制车辆自动减速，直到自动制动。

当发射机采用微波调频连续波体制时，在车辆行进过程中，雷达窄波束向前发射调频连续波信号，当发射信号遇到目标时，被反射回来为同一天线接收，经混频放大处理后，可用其差拍信号间相差来表示雷达与目标的距离，把对应的脉冲信号进行处理后，计算可得到距离数值，再根据差频信号相差与相对速度关系，计算出目标对雷达的相对速度；微处理器将上述两个物理量代入危险时间函数数字模型后，即可算出危险时间；当危险程度达到各种不同级别时，分别输出报警信号或通过车辆控制电路控制车速或制动。

1）主要技术参数。作用距离不小于 100 m 时，误差为 ±0.5 m；微波发射频率为 24.125 GHz。

2）主要功能。测速测距、对前方 100 m 内危险目标提供声光报警；兼备汽车黑匣子功能；自动巡航系统（行驶中自动保持与前面行驶车辆之间的距离）；紧急情况下自动制动。

装有避撞雷达的汽车上了高速公路以后，驾驶者就可以启动车上的避撞雷达。雷达选定好跟随的汽车以后，被跟随的汽车就成了后面汽车的"目标车"，无论是加速、减速，还是停车、启动，后面的汽车都能在瞬间之内予以模仿。如果前面的汽车在行驶一段时间之后，不再适合于自己的"目标车"，驾驶者可以重新选择另一辆"目标车"。

（3）激光雷达避撞装置

激光雷达避撞装置由发光装置、受光装置、计算车间距离的激光雷达、信号处理电路、显示装置、车速传感器等构成。

激光镜头使脉冲状的红外激光束向前方照射，并利用汽车后部反光镜的反射光，通过受光装置检测其距离。使用汽车反光镜，检测距离约 100 m，最大检测宽度 35 m 以上。关于报警发生范围，通过控制电路的控制，3 个激光束中的左右激光束，取其 35 m 以上，宽度控制在 3.5 m，中央激光束的检测距离取其 80 m 以上，这样就能够更早地检测插入车流的车辆，并发出警报，同时它还能抑制弯道上的标识物而发出报警，使之达到最优状态。

控制部分由微机进行下列运算：本车车速、前方行驶车辆车速、车间距离，根据车间距离和安全车间距离的比较发出警报声或报警灯闪烁。显示器安装在仪表盘上进行距离显示。

2. 汽车主动避撞技术

利用现代信息技术、传感技术等手段，扩展驾驶人的感知能力，将感知技术获取的外界信息（如车速、其他障碍物距离等）传递给驾驶人，同时在路况与车况的综合信息中辨识是否构成安全隐患，并在紧急情况下自动采取措施控制汽车，使汽车能主动避开危险，保证车辆安全行驶，从而减少交通事故，提高交通安全性。目前，汽车主动避撞系统主要有以下 3 种类型：

1）车辆主动避撞报警系统（Collision Warning System，CWS）。此系统对探测到的危害情况给出警报。

2）车辆自适应巡航控制（Adaptive Cruise Control，ACC）系统。此系统可以实现简单交通情况下的主动避撞及巡航控制。

3）复合型车辆智能控制系统。该系统针对复杂交通情况，采用 ACC 系统辅以车辆停走（Stop&Go）系统，提高车辆智能控制的实用性。

二、汽车倒车雷达

倒车雷达又称泊车辅助系统，由超声波传感器（俗称探头）、控制器和显示器等部分组成，如图 6-2-1 所示。目前，倒车雷达大多采用超声波测距原理，驾驶人在倒车时，将汽车的挡位推到倒车挡，启动倒车雷达，在控制器的控制下，由装于车尾保险杠上的探头发送超声波，遇到障碍物，产生回波信号，传感器接收回波信号后经控制器进行数据处理，判断出障碍物的位置，由显示器显示距离并发出警示信号，从而使驾驶人倒车时做到心中有数，使倒车变得更轻松。

图 6-2-1　倒车雷达

1. 倒车雷达工作原理

当汽车挡位挂入倒车挡时，倒车雷达自动开始通电工作，这时主机控制器先自动检测传感探头的工作状态，并提示检测结果，同时向传感探头发送 40 kHz 脉冲信号，传感探头将脉冲信号转化为超声波机械振荡信号发射出去，脉冲后停止振荡，这时传感探头开始检测障碍物反射回来的超声波机械振荡信号，并将检测到的超声波机械振荡信号转化为电信号，传回主机控制盒，主机控制盒经过信号处理和计算机换算，根据程序设定进行声光显示提示。倒车雷达的主要功能是保证倒车和泊车时车辆行进安全，探测车后方障碍物，并提示驾驶人防止发生碰撞。

（1）倒车雷达的功能

倒车雷达可具有以下功能：

1）雷达测距：嵌入式雷达测距，数码显示，使倒车更容易、更安全。

2）语音报距：能及时报出与障碍物之间距离。

3）警示音：根据不同的距离发出不同的警示音。

4）车载免提：开车接听电话，不用拿起手机，即可完成通话。

5）录/放音：通话时，可随时录下谈话的重要内容，免去找纸笔的烦恼。

（2）倒车雷达系统组成部件

1）传感器（探头）安装在后保险上的圆柱形物件，它的功能是负责发送和接收超声波，并与主机通信。因为它直接和外界接触，所以防水、防尘、保证信号清晰是探头的基本要求。

2）线束，担负着在传感器和主机之间可传转数据的任务。

3）主机，它的地位犹如大脑，主要功能是负责收、发、处理超声波信号，以及声响报警，主导着整个系统的行为。

4）显示器，显示障碍物与车的距离及方位。其显示方式为波段显示、颜色显示、数字显示。

2. 倒车雷达的安装方式

倒车雷达的安装方式有粘贴式和开孔式两种。

（1）粘贴式安装

这种安装方式仅限于具有粘贴性探头的报警器，无须在车体上开孔，只需将报警器粘贴在适当位置即可。这种报警器一般安装在尾灯附近或行李箱门边，探头安装的最佳宽度为 0.66~0.8 m。安装的最佳离地高度为 0.55~0.7 m。具体的安装方法如下：

1）将附带的橡胶圈套在感应器（探头）上，引线向下并与地面垂直。

2）确定感应器（探头）安装位置。

3）将感应器（探头）沿垂直方向贴合。

4）用电吹风将双面贴加热，然后撕去面纸，贴到确定部位。

5）将报警器的闪光指示灯安装在易被驾驶人视线捕捉的仪表台上。

6）将控制盒安装在不热、不潮和无水的行李箱侧面。

7）将蜂鸣器安装在后风窗玻璃前的平台上。

8）将感应器屏蔽线隐蔽铺设，以防压扁、刺穿，并起到美观的效果。

（2）开孔式安装

这种安装方式适用于具有开式探头报警器，探头安装在汽车尾部或保险杠上，其他部件的安装方式与粘贴式安装相同。开孔式倒车雷达的安装方法（以 4 探头为例）如下：

1）倒车雷达的安装位置如图 6-2-2 所示。

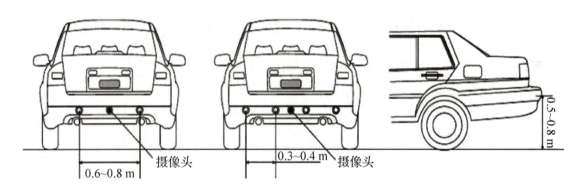

图 6-2-2　开孔式探头安装位置

（a）2 探头最佳安装位置；（b）4 探头最佳安装位置；（c）安装高度

2）安装原理如图 6-2-3 和图 6-2-4 所示。

图 6-2-3　开孔式安装

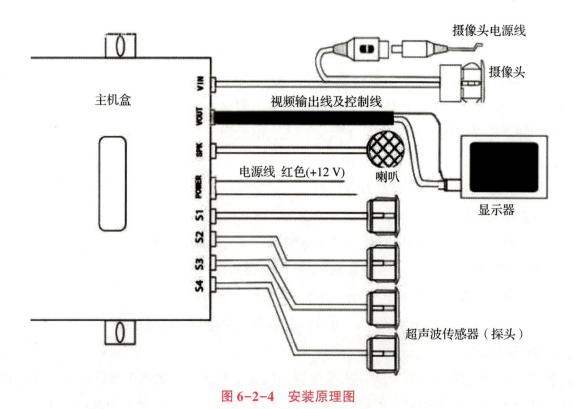

图 6-2-4　安装原理图

3）内置式开孔安装如图 6-2-5 所示。

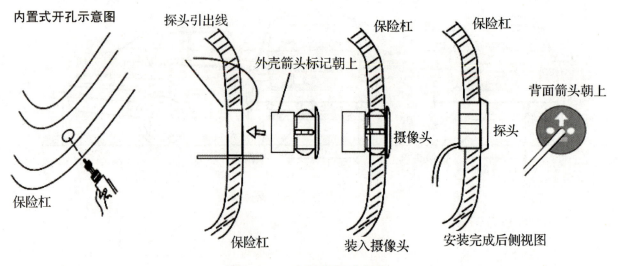

图 6-2-5　内置式开孔安装

4）安装说明。

①需要在保险杠上开孔，将探头安装在保险杠上。

②探头方向及角度必须安装正确。

③摄像头外壳的箭头标记垂直向上，装入摄像头前应通电，再次校正摄像头的方向，最后装入安装孔内。

④探头背面的箭头方向应该是垂直向上，否则将探测到地面引起误报。

⑤参考安装原理图，连接好探头、电源、视频输入输出、扬声器。

任务实施 ▶▶ ▶

汽车安全设备
加装

一、安全与防护

技师要根据工作性质和有害因素的不同，合理选用劳动保护用品。

二、车身表面检查

在进行汽车安全防护装饰操作前一定要做好检查记录工作，对车辆进行漆膜、内饰、玻璃等部位的美容装饰时，发生的费用会比较高，为了避免与客户之间产生不必要的误会，应做好记录。同时，还可以保留客户记录，便于以后的联系和沟通，提高自身的规范程度。

三、设备、工具和材料准备

倒车雷达各种安装工具如图 6-2-6 所示。

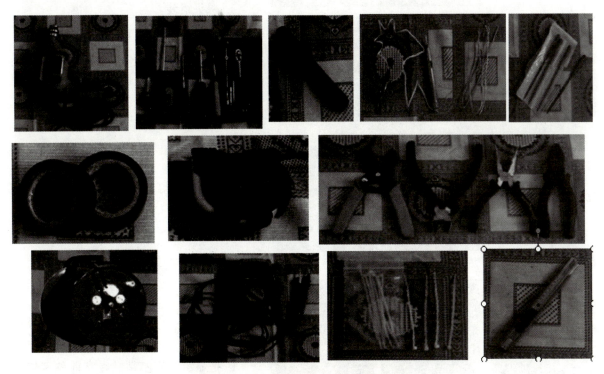

图 6-2-6　倒车雷达各种安装工具

四、任务实施步骤及要求

倒车雷达安装流程见表 6-2-1。

表6-2-1　倒车雷达安装流程及技术要求

步骤	操作内容	操作示范图	技术要求
1	安装探头		选点。A、B、C、D这4个探头的钻孔点须在同一水平线上。 1. 探头位置：将"L"三等分，A、D中间的两个等分点为B、C探头的位置，做下标记。 ① 高度离地面0.5～0.65 m，建议0.55 m； ②水平间距：两边探头距车身9～15 cm，中间三段比例是3：4：3（中间两探头间距偏宽些效果好）。 2. 钻孔：必须选用配备开孔器钻孔；先用丝锥或钻头打点定位，以防钻头滑位。使用原配置的金属开孔钻头，对准已定位点钻孔。 3. 探头组装： ①探头后标有"UP"标记的朝上； ②隐蔽铺线不旋转，拉脱线皮露铜； ③根据保险杠水平平面的角度，合理调整探头的角度。把探头逐个塞入孔内，并预留大约10 cm的探头线
2	接线		红线接倒车灯正电，黑线接负电或搭铁。根据各种车型，进行隐蔽铺线
3	固定显示屏		1. 插上对应插孔，检测产品性能并调试好； 2. 将显示屏线从后行李箱布到前仪表盘下； 3. 把显示器底座粘贴在车前仪表板上方的平台上； 4. 将各控制线与主机一一对牢接固，接上电源线。主机盒安装于后行李箱内安全、不热、不潮、无溅水的位置； 5. 安装完毕进行测试

五、故障检修

1）无任何反应：检查电源是否正常，扬声器、摄像头、视频等连线是否正确。

2）显示"0.0M"：检查车后是否有障碍物，或探头与主机接口是否对应正确，是否有强的干扰源，电源电压是否正常。

任务实施记录工单 ▶▶ ▶

汽车安全防护装饰

一、车辆信息记录

品牌		车型	□轿车　□SUV　□MPV
车辆识别码			

二、汽车安全防护装饰安装前外观检查

检查项目	外观描述
前后风窗玻璃及刮水器	
车窗（车门车窗、天窗）	
车身（发动机舱盖、前后翼子板、前后保险杠、车门、车顶）	

三、汽车安全防护装饰安装后外观检查

检查项目	外观描述
前后风窗玻璃及刮水器	
车窗（车门车窗、天窗）	
车身（发动机舱盖、前后翼子板、前后保险杠、车门、车顶）	

四、汽车安全防护装饰安装所需材料

汽车安全防护装饰安装所需材料	

任务实施考核标准与学习评价 ▶▶▶ ▶

汽车安全防护装饰任务评价表

学生姓名		开始时间		结束时间		得分		
实施步骤	工作内容	序号	考核评价要求			标准分	扣分	扣分原因
一	安全防护	1	工作中正确使用安全防护用品（检查首饰等饰品）			5		
二	验车	1	环检车辆，检查车辆有无损失和瑕疵			5		
三	定位	1	定位准确度			5		
四	清洁	1	清洁装贴部位			5		
五	汽车安全防护装饰安装	1	安全防护装饰损伤			6		
		2	探头位置间距			6		
		3	探头距离地面距离			6		
		4	错位			6		
		5	探头上下方向			6		
		6	红接正、黑接负			6		
		7	显示器是否正常显示			6		
		8	安全防护装饰划伤			6		
		9	安全防护装饰断裂			6		
		10	车身整体装饰效果			6		
六	安全生产	1	安全操作			10		
		2	场地清理			5		
		3	工具归位			5		

　拓展提升 ▶▶ ▶

一、安装倒车雷达注意事项

1）探头安装必须要和车身比例协调，开孔间距要均匀，左右要保持水平。

2）开孔前必须先用专用美容纸在开孔处贴上，再用尺子测量计算合适标准的间距，距离地面的垂直高度根据车型大约为 50 cm，太高会测量不到地面比较低的障碍物，太低又会造成误报。

3）安装探头时特别得注意，探头内侧表面有一个表示向上的标记。另外，4 个探头 A、B、C、D 分别按从左到右顺序排列，一定不能错乱，否则会导致雷达对障碍物距离和方位的识别错乱。

4）内部排线一定要隐蔽，对于比较长需要卷起来的线束，一定要先理顺，然后有条理地包扎好，安置于行李箱侧边内部，固定好。

5）探头线必须远离排气管，因为排气管温度很高，距离很近会引起电路短路，烧坏雷达主机。

6）连接倒车灯一定要包扎好破口连接处，以免造成短路现象。搭铁线必须牢固。

二、选装倒车雷达注意事项

1. 质量方面

按说明书对倒车雷达进行距离测试（用尺子去测量车尾与障碍物之间的实际距离，看其与倒车雷达显示的数据是否一致），看一看当障碍物处于说明书中所说的各个区域时，雷达的反应是否与说明相符合。雷达是否敏感、有无误报等问题；其次要对探头进行防水测试（用矿泉水或用水龙头的水去冲探头），看看在雨雪和较湿润的天气时雷达能否正常工作。

优质产品提供的服务较好，承诺的保修期较长。因此，最好选购保修期 2 年以上的产品。

2. 功能方面

倒车雷达从功能上区分可分为：距离显示、声音提示报警、方位指示、语音提示、探头自动检测等，一个功能齐全的倒车雷达应具备以上这些功能。有的产品还有开机自检的功能。

3. 性能方面

性能主要从探测范围、准确性、显示稳定性和捕捉目标速度来考证。

1）探测范围：至少为 0.4~1.5 m（将障碍物通过不同角度切入探头的测试范围进行测

试，一个探头的正常测试范围的夹角为 90°）。

2）准确性：主要看两个方面，首先看显示分辨率，一般为 10 cm，好的能达到 1 cm；其次看探测误差，即显示距离与实际距离间的误差，好产品的探测误差低于 3 cm。

3）显示稳定性：指在障碍物反射面不好的情况下，能否捕捉并稳定地显示障碍物的距离。

4）捕捉目标速度反映倒车雷达对移动物体的捕捉能力。倒车雷达性能方面的要求是测得准、测得稳、范围宽和捕捉速度快。

4. 外观工艺方面

作为汽车的内外装饰件，显示器和传感器安装后应美观大方，与汽车相协调。例如，传感器的颜色是否与保险杠的颜色相一致，尺寸的大小是否合适。外形上，传感器有融合式和纽扣式两种，融合式传感器表面有造型变化，追求与前后杠的自然过渡；而纽扣式传感器的表面一般是平的。显示器一般根据车主的习惯，分前置式和后置式两种，主要以清晰美观为标准。

三、使用倒车雷达注意事项

1. 盲区问题

安装有倒车雷达并不是万无一失，只能作为一种参考，因为雷达的探头也有盲区，装两只探头的车主，特别要注意车后的中间地带。

2. 适应问题

刚开始使用时，尽量要多下车看看，以便准确了解雷达显示的数值与实际目测距离的差别，由于雷达测量角度的关系，总有一些误差。

3. 目测结合问题

碰到光滑斜坡、光滑圆形球状物，花坛中伸出的小树枝时，要加以目测，因为这时的探头探测能力下降，提供的数据就不会非常正确了。碰到天气过热、过冷、过湿、路面不平或沙地时，也不能掉以轻心，要多回头看看后面的情况。

4. 进退问题

听到蜂鸣器连续音时，应当及时停车，因为车已到危险区域。倒车时车速一定要慢，以免车子因惯性碰到障碍物。

5. 注意清洁和保养

探头要经常清洁，特别是雨雪天后，泥水和冰雪会覆盖住探头，有附着物存在肯定会影响探测精度。

任务三 汽车娱乐类电子产品装饰

 学习目标

知识目标

1. 了解汽车音响知识和安装要求。

2. 了解智能后视镜安装技术要求。

3. 了解行车记录仪的知识和安装要求。

技能目标

1. 能够正确识别、选用汽车娱乐类电子产品。

2. 能够正确使用和维护汽车娱乐类电子产品安装设备。

3. 能按规范进行汽车娱乐类电子产品的安装。

素养目标

1. 通过安全与防护知识的学习,培养安全生产的意识,提高学生对安全发展理念的认识。

2. 通过学习汽车娱乐类电子产品装饰的安装,培养学生一丝不苟、精益求精的工匠精神。

3. 通过汽车娱乐类电子产品安装任务的完成,培养学生良好的职业道德与行为操守。

 相关知识

一、汽车音响改装

汽车音响作为流动的音乐厅把孤旅变成了一种享受,优雅的音乐能给人带来愉悦的心情,降低驾驶人的驾驶疲劳。汽车音响的选择主要基于车主的喜好和经济承受能力。车载屏幕需要抗高低温的液晶显示屏,为车主显示行车信息,为行车保驾护航,其不仅可以安装在仪表台上,还可以装在前排座椅的后背上,或装在副驾驶座前的夹板后面。放下夹板,就可以欣赏电影,收起夹板,还能够保护显示屏不被划伤。汽车音响如图 6-3-1 所示。

图 6-3-1　汽车音响

1. 汽车音响的主要构成

当前，汽车音响的主要构成：收音+功率放大、CD/DVD、导航、TFT 屏、USB/SD、蓝牙。采用计算机化的硬件和软件集成技术来构建新一代汽车音响的技术已经成为趋势。

2. 汽车音响产品的主要功能特征

（1）专车专用化

1）采用国际标准柜筒尺寸设计的车辆越来越少。

2）汽车音响的改装从旧车转向新车。

3）市场细分之后专用化设计更贴近消费需求。

（2）娱乐多元化

收音、CD、DVD、卡带媒体、数字广播（卫星和地面台）、数字电视、游戏、与各种手持设备互联。

（3）信息化

相关信息分车内信息和车外信息。

1）车内信息：车辆故障信息、车辆安全信息、车辆维护信息。

2）车外信息：位置信息、智能交通、紧急救助、网络功能。

3. 车内音响改进方法

（1）MP3 转换器

MP3 转换器（又称接收器），是把 MP3 的音源转换成 FM 信号，再通过车内主机的收音机接收，虽不及 MP3 直播的音质好，但不用再麻烦地改装车内线路。MP3 转换器如图 6-3-2 所示。MP3 转换器的优点：投入小，仅需很小的投入就可以解决从 MP3 到车内音响的转换。

（2）扬声器的改进

对于原车已有不错匹配的音响系统，若只想有针对性地改进一下音质，可以有选择地更换车内的部分扬声器，或加装功率放大器。此时，需到专业的音响店按车的不同进行量身搭配。扬声器如图 6-3-3 所示。

图 6-3-2　MP3 转换器

图 6-3-3　扬声器

4. 车内音响的改装

（1）汽车音响线材影响因素

1）汽车音响线材的电阻越小，在线材上消耗的功率越少，系统的效率越高。即使线材很细，由于扬声器本身的原因也会损失一定的功率，而不会使整个系统的效率达到 100%。

2）线材的电阻越小，阻尼系数越大；阻尼系数越大，扬声器的赘余振动越大。

3）线材的横截面面积越大（越粗），电阻越小，该线的容限电流值越大，则容许输出的功率越大。

（2）汽车音响改装在布线方面的要求

1）用绝缘胶带将音频信号线接头处缠紧以保证绝缘。当接头处和车体相接触时，可产生噪声。

2）保持音频信号线尽可能短。音频信号线越长，越容易受到噪声信号的干扰。注意：如果不能缩短音频信号线的长度，超长的部分要折叠起来，而不是卷起。

3）音频信号线的布线要离开行车计算机单元和功率放大器的电源线至少 20 cm。如果布线太近，音频信号线会拾取到感应噪声。最好将音频信号线和电源线分开布在驾驶座和副驾驶座两侧。注意，当靠近电源线、微型计算机单元布线时，音频信号线必须离开它们 20 cm 以上，如果音频信号线和电源线需要互相交叉时，最好以 90° 相交。

（3）接地的方法

1）用砂纸将车体接地点处的油漆去除干净，将接地线固定紧。如果车体和接地端之间残留车漆，就会使接地点产生接触电阻。接触电阻会导致交流噪声的产生，从而严重破坏音质。

2）将音响系统中各个模块的接地集中于一处。如果不将它们集中于一处接地，音响各组件之间存在的电位差会导致噪声的产生。注意，主机和功率放大器应该分别接地。

3）当系统消耗电流很大时，蓄电池接地端一定要牢固。提高电源接地性能的方法是，在电源和接地间用粗直径的线材布线，如绞股线。这样做能够加强连接，有效地抑制噪声并提高声音质量。

4）不要靠近行车计算机布线。请记住，主机接地点靠近行车计算机的接地点或固定点时，会产生行车计算机噪声。

二、车载多媒体导航娱乐系统

车载多媒体导航娱乐系统采用 5G 技术，具备安防、资讯、娱乐等多种功能。它使得汽车不再是传统意义上的代步工具，而真正成为多功能的私人移动空间，以及驾驶者的伙伴，如图 6-3-4 所示。

（a）

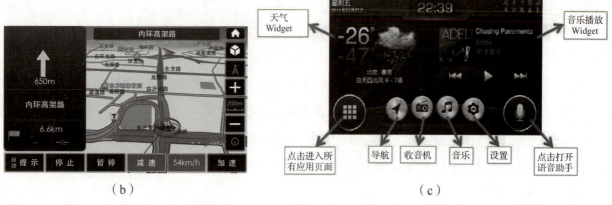

（b） （c）

图 6-3-4 车载多媒体导航娱乐系统

（a）系统构成；（b）主界面介绍 1；（c）主界面介绍 2

车载多媒体导航娱乐系统一般使用可触摸 6.95 in（1 in＝2.54 cm）480 像素×800 像素的显示屏，外接口为 GPS 天线、AV 接口、USB 接口、AM/FM 天线、MIC、四路高低音 Speaker，内置 HSDPA 4G 上网模块、Wi-Fi、TF 卡槽、SIM 卡，通过 SPI 实现与主机通信，可通过转向盘按键进行远端控制功能模块，实现的功能有 AM/FM 收音机、导航、音乐、听书、新闻和天气预报等。

将信息化、智能化导入汽车产品是汽车行业的一个新的增长点。信息化和智能化的使用将给汽车用户带来更大的附加值，能给汽车用户带来更多的享受，同时也大大提高了汽车产品的整体竞争能力。5G 版导航采用目前智能手机主流的安卓（Android）系统的导航娱乐系统。

三、智能后视镜

1. 概念

　　智能后视镜，通常是指汽车的智能后视镜，其具有独立的操作系统、独立的运行空间，可以由用户自行安装软件、游戏、导航等第三方服务商提供的程序，并可以通过 Wi-Fi 或移动通信网络来实现无线网络接入，同时可以提供行车记录、GPS 定位、电子测速提醒、倒车可视、实时在线影音娱乐等功能的智能化汽车后视镜，如图 6-3-5 所示。

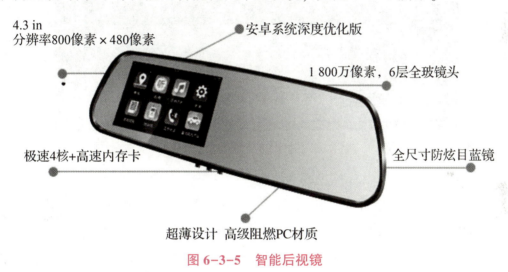

4.3 in
分辨率800像素×480像素
安卓系统深度优化版
1 800万像素，6层全玻镜头
极速4核+高速内存卡
全尺寸防炫目蓝镜
超薄设计　高级阻燃PC材质

图 6-3-5　智能后视镜

　　智能后视镜具有优秀的操作系统、可自由安装的各类软件、触屏式操作感这三大特性，能够提供语音控制、导航、超速提醒、行车记录和实时在线的视听等驾驶汽车时的安全和娱乐功能。

　　智能后视镜一般通过极端条件测试，如温度（-20℃~60℃）、持续振动等，但是如果超低温或超高温也会导致不能正常工作。

2. 主要功能

　　在汽车行驶过程中，驾驶员根据汽车中央后视镜内影像，可以有效判断后车距离。

　　随着社会的发展和科技水平的提高，人们对驾驶汽车的安全性、娱乐性提出了更高的要求。汽车的中央后视镜应运而生，衍化为集成安卓、阿里等操作系统，包含多种功能的汽车智能后视镜。

　　如智能手机逐渐替代单一功能的傻瓜相机或手机一样，集多种功能于一身、向智能化方向发展的智能后视镜也将成为普通汽车后视镜发展进化的必然趋势。因其节省空间，功能强大，方便了众多车友，已经成为国内外车品类热门加装项目。智能后视镜的主要功能如下：

1) 行车记录。利用内置的摄像头或加装的摄像头，将行车途中车前、车后影像录制下来，并自动保存在智能后视镜的存储设备中。

2) 超速提醒。智能后视镜操作系统中的导航软件一般内置固定电子测速提醒，部分智能后视镜带雷达探测头，可进行实时发现移动测速并发出警报声，避免汽车超速，确保随时安全驾驶。

3) 倒车可视。智能后视镜在加装倒车摄像头后，倒车时就能显示车后影像。

4) GPS 定位导航。GPS、北斗卫星导航或网络实时定位后，可以通过预装的百度地图、高德导航或凯立德导航等应用软件实现导航，并进行语音播报导航信息。连接网络后，还可播报实时路况，避开拥堵，如图 6-3-6 所示。

图 6-3-6　智能后视镜导航功能

5) 查找汽车位置。智能后视镜利用 GPS、北斗卫星导航或网络定位获取到汽车的准确位置后，在经授权的智能手机或平板上，连接专门的应用软件查找汽车的位置。

6) 人、车的智能语音对话。基于网络语音命令库的支撑，智能后视镜中的操作系统能够准确解析用户语音指令，并做出响应，实现人、车的智能语音对话；能够识别"拨打电话，打开应用，播放音乐，语音聊天"之类的语音。

7) 蓝牙免提电话。智能后视镜适配智能手机，同步手机通信录、通话记录；实现电话接听、挂断、免打扰的功能；还可实现车友对讲；蓝牙同步手机音乐播放；内置 4G 或 5G 网络模块，可以和车内朋友用 Wi-Fi 分享无线网络、在线音乐、听新闻资讯、安装各种生活娱乐应用（如微信、微博、手机淘宝、支付宝、喜马拉雅、网易客户端、腾讯客户端等）。

3. 主要特点

1) 具有无线接入互联网的能力：即支持 GPRS、4G 或 5G 网络，支持 Wi-Fi。

2) 具有开放性的操作系统：拥有独立的核心处理器（CPU）和内存，可以安装更多的应用程序，使智能后视镜功能得到无限扩展。

3) 人性化：根据个人需要扩展机器功能。根据个人需要，实时扩展机器内置功能及软件升级，智能识别软件兼容性，实现软件市场同步的人性功能。

4）功能强大：扩展性强，第三方软件支持多。同时本身自带 GPS 或北斗卫星导航芯片用于导航；后置摄像头用于行车记录等；甚至加配雷达探测头用于移动测速提醒等。

从外观上来看，汽车智能后视镜相较普通的汽车中央后视镜来说，并无特别大的差异，仅多出了背面用于行车记录的摄像头；在可视镜面中，内置了 4.3 in 或 5 in 的电容触摸屏，用于导航与在线多媒体影音操作；个别的智能后视镜在镜面下方有一些可按触的按钮，如图 6-3-7 所示。

图 6-3-7　汽车智能后视镜前后对比

质量和功能是智能后视镜的重要参数。高低温、轻微碰撞，都会影响产品质量；实景导航、蓝牙电话、测速预警等的稳定性，是判定产品功能好坏的凭证。

四、行车记录仪

1. 行车记录仪的认识

行车记录仪即记录车辆行驶途中的影像及声音等相关资讯的仪器，属于记录仪器，如图 6-3-8 所示。安装行车记录仪后，能够记录汽车行驶全过程的视频图像和声音，可为交通事故提供证据，平时还可以做停车监控，所以其又属于行车安全仪器。

此外，某些高端行车记录仪还具备了一些其他功能，如图 6-3-9 所示。

图 6-3-8　后视镜行车记录仪

前车启动警报系统(FVDW)
前方车辆移动时提醒驾驶员

车道偏离警报系统(LDWS)
车辆偏离预定道路时提醒驾驶员

图 6-3-9　行车记录仪其他功能

2. 行车记录仪的组成

不同的行车记录仪产品有不同的外观，但基本组成有主机、车速传感器、数据分析

软件。

　　其中,主机包括微处理器、数据存储器、实时时钟、显示器、镜头模组、操作键、打印机、数据通信接门等装置。如果主机本体不包含显示器、打印机,则应留有相应的数据显示和打印输出接口。以后视镜形式为例,如图6-3-10所示。

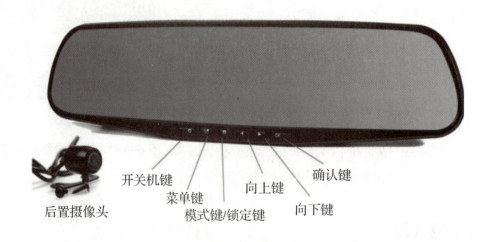

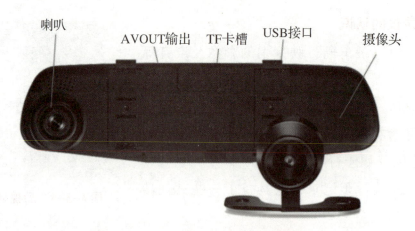

图6-3-10　行车记录仪的主机构成

3. 行车记录仪的作用

行车记录仪的作用如图6-3-11所示。

　　1）维护驾驶员的合法权益。行车记录仪可以为驾驶员对行驶途中的剐碰提供有效证据。

　　2）事故处理快速准确,营造安全畅通的交通环境。将监控录像记录回放,事故责任一目了然;可快速撤离现场恢复交通,并可保留事发时的有效证据。

　　3）事故发生率下降,交通肇事逃逸案减少。行车记录仪促使驾驶员不敢违章行驶及肇事后逃逸。

　　4）法院在审理道路交通事故案件时,量刑和赔偿将更加准确和有据可依。

　　5）为破案提供决定性的证据。

　　6）喜欢"自驾游"的人,还可以用它来记录征服艰难险阻的过程。开车时边走边录像，同时把时间、速度、所在位置都记录在录像里，相当于"黑匣子"，平时还可以做停车监控。

7）记录新闻画面。新闻记者工作者并非先知者，行车记录仪可实时记录。

图 6-3-11　行车记录仪的作用

4. 行车记录仪的种类

目前使用的行车记录仪也有很多种类。

1）按照装配方式的不同，行车记录仪分为便携性行车记录仪与后装车机一体式 DVD 行车记录仪。

便携性行车记录仪又分为后视镜行车记录仪与数据记录仪。这类记录仪具有隐蔽性好、安装方便、可拆卸更换、成本低、使用简单等特点，如图 6-3-12 所示。

（a）　　　　　　　　　　　　（b）

图 6-3-12　便携性行车记录仪

（a）后视镜行车记录仪；（b）数据记录仪

后装车机一体式 DVD 行车记录仪一般是专车专用，又分为前装和后装两种，成本较高，改装难度较大，但是安装后可以保持车内环境的美观。此外，也有部分豪华车型在出厂时已经安装了行车记录仪。

2）按照摄像头数量多少，行车记录仪分为 2 路行车记录仪、3 路行车记录仪、4 路行车记录仪和 8 路行车记录仪。

3）根据车型及功能行车记录仪可分为高清行车记录仪、迷你行车记录仪、广角行车记录仪、双镜头行车记录仪、夜视行车记录仪、多功能一体机、眼镜式多功能行车记录仪等，相关产品如图 6-3-13~图 6-3-15 所示。

图 6-3-13　广角行车记录仪

图 6-3-14　双镜头行车记录仪

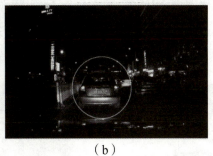

（a）　　　　　　　　　　　　　　　（b）

图 6-3-15　夜视行车记录仪

（a）白天行驶拍下的画面；（b）夜间行驶拍下的画面

4）按照屏幕尺寸，行车记录仪分为 1.5 寸①、2.0 寸、2.4 寸、2.7 寸、2.5 寸、3 寸、3.5 寸、4.3 寸、4.7 寸、5 寸和 7 寸及无屏幕等。

5. 行车记录仪的内存容量

一般行车记录仪没有内置内存，依靠内存卡扩展或移动数字硬盘来存储数据。一般需要按行车记录仪录像的清晰度及摄像头的记录内存来决定购买多大的内存组合，高清的行车记录仪有 720P 和 1 080P 的，4G 的卡录 720P 的视频只可以录制 1 h 左右，1 080P 的视频占用的空间约是 720P 的 2 倍。

6. 行车记录仪的安装

（1）记录仪的安装位置和固定方式

1）正确的安装位置位于后视镜后面或下方不遮挡视线的区域内，如图 6-3-16 所示。如果位于前风窗玻璃的左右两侧，会产生拍摄盲区。如果简单放置于汽车仪表台上，则在汽车遭遇疑似撞击的时候，不能有足够的视野确定前车头是否真的碰撞，造成取证困难。

图 6-3-16　记录仪最佳安装位置

---

① 1 寸≈3.33 cm。

2）记录仪常用的固定方式有胶粘和吸盘两种，如图 6-3-17 所示。胶粘固定的好处在于安装牢固、不易掉，但是安装后再更换则会非常不方便，而且会留下难看的印记。吸盘固定容易拆卸，但是有时吸附力不强，需要注意随时加固。

（a）　　　　　　　　　　　　　（b）

图 6-3-17　记录仪的安装方式

（a）胶粘固定；（b）吸盘固定

有些记录仪制作成车内后视镜状（智能后视镜），通过橡胶带套装在车内后视镜的位置，集成了记录仪、导航、倒车影像等多项功能，不占用车内空间。

（2）布线

通常，行车记录仪都会配备一根长电源线，如果其直接下垂接入点烟器会在一定程度上影响驾驶视线，如图 6-3-18 所示。

为了避免明线的影响，可以从安装后视镜的位置到顶棚、A 柱饰板、杂物箱，通过隐藏布线的方式接入汽车点烟器，如图 6-3-19 所示。

图 6-3-18　行车记录仪直接布线　　　　　**图 6-3-19　行车记录仪隐藏布线**

1）布线时，先根据电源线的长度来确定最佳布线方案，并模拟走一遍线，以确定电源线是否足够长。

2）将记录仪的电源线塞进车顶棚的缝隙内，如图 6-3-20 所示。卸下 A 柱饰板上端，将线通过饰板伸到车门密封条处。

3）拆卸门框密封条，将线塞入门框密封条内，直到仪表台最底端有线甩出来，如图 6-3-21 所示。将 A 柱饰板卡扣对准，用于轻轻将 A 柱饰板敲进去。

图 6-3-20　记录仪顶棚布线

图 6-3-21　记录仪 A 柱饰板布线

4）将电源线穿过杂物箱后边。可以根据不同车型的实际情况，把线固定在杂物箱背后，或藏在地板下。将电源线插头从仪表台下部伸出，如图 6-3-22 所示。

图 6-3-22　记录仪杂物箱布线

5）为了让点烟器附近看不出有太多的明线，需要把中控台下边的饰板螺钉拧松，扒开一点儿小缝隙，把线塞入缝隙内再将螺钉拧紧。将电源线插在点烟器上，确认行车记录仪能通电并能正常工作，至此，安装布线工作完成。

如果需要在熔断丝处取电，要注意将行车记录仪的电源降压线接在点烟器熔断丝处。查找点烟器熔断丝的方法是，可以通过熔断器的标识查找，也可以通过拔掉熔断丝测量点烟器是否有电的方式来确定。同时，要注意采用此种接线方式时，在熔断丝和行车记录之间应接有将 12 V 电压转换成 5 V 的降压器，因为记录仪额定电压为 5 V，直接连接 12 V 电源会造成设备损坏。

以后视镜形式的行车记录仪为例来介绍安装步骤。

1）先将主机放在最佳安装位置。

2）将电源线沿顶棚缝隙塞入。

3）将线塞入 A 柱的胶条部分中，沿 A 柱布线一直走到底部位置。

4）沿中控台下方走线，直到点烟器，将车载充电器插入点烟器。

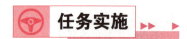
任务实施 ▶▶ ▶

一、安全与防护

汽车车载音箱
加装

劳动防护用品的正确使用，可以保证技师避免生产过程中的直接危害，对技师的身体健康及生命安全都起着重要的作用。技师要根据工作性质和有害因素的不同，合理选用劳动保护用品。

二、车身表面检查

在进行汽车娱乐类电子产品安装操作前一定要做好检查记录工作，为了避免与客户之间产生不必要的误会，应做好记录。同时，还可以保留客户记录，便于以后的联系和沟通，提高自身的规范程度。

三、汽车娱乐类电子产品安装任务实施步骤及要求

1. GPS 车载导航仪装置的安装流程

GPS 车载导航仪装置的安装流程及技术要求见表 6-3-1。

表 6-3-1　GPS 车载导航仪装置的安装流程及技术要求

步骤	操作内容	操作示范图	操作要点及技术要求
1	选定安装位置	无图例	收音机、CD 机位置
2	拆中控台面板		拆掉收音机、CD 机，留出空间安装原车导航

续表

步骤	操作内容	操作示范图	操作要点及技术要求
3	取出收音机、CD机		按要求进行操作
4	安装一体机		按要求进行操作
5	安装中控台面板		美观，附带卫星电视、FM收音机、倒车影像等功能
6	加装摄像头		安装在牌照灯位置，分无线、有线两种。 无线：安装、拆卸方便，价格高； 有线：信号稳定性好
7	加装完毕倒车可视		摄像头旁会安装一盏照明用LED灯，方便夜间倒车可视

2. 行车记录仪安装流程

一般在购买行车记录仪时，都会配有说明书和安装教程。如果车主动手能力比较强的话，可以自己根据安装教程来安装行车记录仪，当然也可以拿到4S店或汽车维修店、汽车美容店让安装施工人员帮忙，安装流程见表6-3-2。

表6-3-2　行车记录仪安装流程及技术要求

步骤	操作内容	操作步骤及示范图	操作要点及技术要求
1	准备	关闭汽车发动机	按要求进行操作
2	插卡	将TF卡插入记录仪卡槽中	按要求进行操作
3	固定	1. 确定行车记录仪的最佳安装位置； 2. 将记录仪固定于汽车的原后视镜上	1. 建议安装在车内后视镜的右侧，尽量靠中间一些，这样拍摄的角度才会比较正，同时也更具有参考价值； 2. 安装在车内后视镜和前风窗玻璃之间，属于最中央的位置
4	安装车载充电器	将车载充电器插入汽车点烟器中	按要求进行操作
5	连接记录仪	用充电延长线将记录仪的USB接口和车载充电器连接起来。	注意： 1. 布线时可将充电延长线沿汽车风窗玻璃边缘敷设。 2. 根据电源线的长度来确定最佳布线方案。将记录仪的电源线塞进车顶棚的缝隙内
6	加装摄像头	1. 将后置摄像头安装在车辆后部 2. 布线可沿车辆顶棚敷设 3. 安装完成后插头接入记录仪后置摄像头接口	安装时注意方向
7	调整镜头	调整镜头位置	确保镜头与地面保持水平
8	安装后检查	启动发动机，检查机器是否安装正确	

汽车娱乐类电子产品装饰

一、车辆信息记录

品牌		车型	□轿车　□SUV　□MPV
车辆识别码			

二、汽车娱乐类电子产品装饰安装前外观检查

检查项目	外观描述
前后风窗玻璃及刮水器	
车窗（车门车窗、天窗）	
车身（发动机舱盖、前后翼子板、前后保险杠、车门、车顶）	

三、汽车娱乐类电子产品装饰安装后外观检查

检查项目	外观描述
前后风窗玻璃及刮水器	
车窗（车门车窗、天窗）	
车身（发动机舱盖、前后翼子板、前后保险杠、车门、车顶）	

四、汽车娱乐类电子产品装饰安装所需材料

汽车娱乐类电子产品装饰安装所需材料	

任务实施考核标准与学习评价

汽车娱乐类电子产品装饰任务评价表

学生姓名		开始时间		结束时间		得分		
实施步骤	工作内容	序号	考核评价要求			标准分	扣分	扣分原因
一	安全防护	1	工作中正确使用安全防护用品（检查首饰等饰品）			5		
二	验车	1	环检车辆，检查车辆有无损失和瑕疵			5		
三	定位	1	定位准确度			5		
四	清洁	1	清洁装贴部位			5		
五	汽车娱乐类电子产品装饰安装	1	将 TF 卡插入行车记录仪卡槽中			6		
		2	确定行车记录仪的最佳安装位置			6		
		3	将行车记录仪固定于汽车的原后视镜上			6		
		4	调整安装位置，在车内后视镜和前风窗玻璃之间			6		
		5	拍摄角度合理			6		
		6	将车载充电器插入汽车点烟器中			6		
		7	用充电延长线将记录仪的 USB 接口和车载充电器连接起来			6		
		8	将后置摄像头安装在车辆后部			6		
		9	调整镜头位置			6		
		10	启动发动机，检查机器是否安装正确			6		
六	安全生产	1	安全操作			10		
		2	场地清理			5		
		3	工具归位			5		

拓展提升

一、汽车音响改装的注意事项

汽车行驶的路况千变万化，行车时的强烈振动会引起机身抖动，使音响激光头无法进行正常扫描，出现跳线甚至损坏激光头等现象。因此，应选择较为专业的音响店进行科学的安装。

1. 选择大规模的专业店

尽量选择大型汽车音响专业店，一般有实力的汽车音响品牌繁多，知名的汽车音响品牌企业一般会选择有实力、成规模的店作为自己产品的指定销售点。在这里，音响的陈列规范有序，车主可以自己选择。

2. 一定要有试听设备

在选好汽车音响店的基础上，确认是否有专业的试听设备或试音车，安装汽车音响之前，通过专业的试听装置进行试听，能更好确定所选择音响品质的优劣。

3. 需要进行专业调音

汽车音响效果重在设计、安装和调试，同样一个主机、几个扬声器、几根电线，不同的安装人员施工，效果会迥然不同。专业店为了改善车主收听环境，会对车辆进行科学的安装设计，安装后凭借专业的测试设备进行调音，使所有音响器材的效果发挥到最佳状态。从事汽车音响行业的人员，要具备综合的素质和理论，具备汽车电路、电工原理、声学原理、安装技术工艺、乐理知识等。要求调试者是音响发烧友，这样在调音时才会把音响系统调整到最佳状态。

4. 安装人员要有资格证书

汽车音响安装人员必须经过考核，获得"汽车音响安装施工资格证"才能上岗。不合格的安装施工人员不但不能使器材发挥应有的效果，甚至会破坏汽车原有的相关设备。

5. 认清品牌进行改装

选择时要看商家是否拥有该种品牌音响设备厂家授权的指定代理许可证，有无售后服务能力和质量三包的承诺措施。为解决汽车音响的养护与故障排除问题，在选购音响时要注意所选音响品牌在当地是否有专业认证的售后服务维修站，以保证爱车的音响在出现故障时能够得到专业、方便的维修服务。

6. 考虑主机的功放能力

尽量选用功放大于扬声器指示功率的。因功放小在长期使用大功率输出时，不仅容易烧坏，还会导致音质差、失真等故障出现。例如，所有扬声器的指示功率总和为 100 W，那么功放的功率要在 100～150 W，这样才能良好匹配。

7. 了解扬声器的性能

中高档主机的性能差别不会太大，扬声器的功率差别较大。

8. 试听音质、音色效果

车主试听时，最好找有代表性的歌曲、乐曲、打击乐等唱碟，对各种音响效果的纯真度进行鉴别，再确定是否购买。

9. 安装技术和工艺差

汽车音响是半成品，需要有受过汽车音响专业培训的人员安装，才能保证音响的质量。使用没有经过培训的人员安装只是把器材简单地连接起来，容易出现声场定位错误、相位错误、加装功放不安装保险等失误。安装时速度快，不按规范的工艺执行，使用的线材差，做工粗糙，后果是音质差，故障率高，器材的使用寿命短。

10. 安装器材之间的匹配

一套好的音响系统配置，不仅仅是简单的搭配，更主要的是要充分发挥每一个器材的作用，挖掘器材的潜力。器材使用同一品牌，通过合理的搭配、专业的安装、精心的调试，才能使器材发挥最佳效果，超过器材的自身价值，甚至可以与名牌器材效果相比，这才是"音响发烧"。

11. 管好产品的发票、维修证明

为了避免发生不必要的纠纷，同时保障自己的权益，注意保管产品的发票、维修证明。

二、汽车音响改装电源线的布线

1）所选用电源线的电流容量值应不小于和功放相接的保险管的值。如果采用低于标准的线材作为电源线，会产生交流噪声并且严重破坏音质。

2）当用一根电源线分开给多个功放供电时，从分开点到各个功放布线的长度和结构应该相同。当电源线桥接时，各个功放之间将出现电位差，这个电位差将导致交流噪声，从而严重破坏音质。当主机直接从电源供电时，会减少噪声，提高音质。

3）将电源（蓄电池）插头的脏物彻底清除，并将插头拧紧。如果电源插头很脏或没有拧紧，接头处就会有接触电阻。而接触电阻的存在会导致交流噪声，从而严重破坏音质。为避免上述情况发生，可以用砂纸和细锉清除接头处的污物。

4）当在汽车动力系统内布线时，应避免在发动机和点火装置附近走线，发动机噪声和点火噪声能够辐射电源线。当将原厂安装的火花塞和火花塞线缆更换成高性能的类型时，点火火花更强，这时将更易产生点火噪声。

5）在车体内布电源线和布音频线所遵循的原则一致。

参 考 文 献

［1］陈甲仕. 汽车美容装饰一点通［M］. 北京：化学工业出版社，2022.

［2］常同珍. 汽车美容技术［M］. 北京：人民交通出版社，2023.

［3］颜宇，杨胜，曲金烨，等. 汽车美容与装饰［M］. 2 版. 北京：水利水电出版社，2019.

［4］赵俊山，路永壮. 汽车美容与装饰［M］. 北京：机械工业出版社，2019.

［5］杨智勇，惠怀策. 汽车美容装饰入门与技巧［M］. 北京：化学工业出版社，2017.

［6］覃维献，程玉光. 汽车美容［M］. 2 版. 北京：北京理工大学出版社，2015.